U0918703

新零售进化路径

李政权◎著

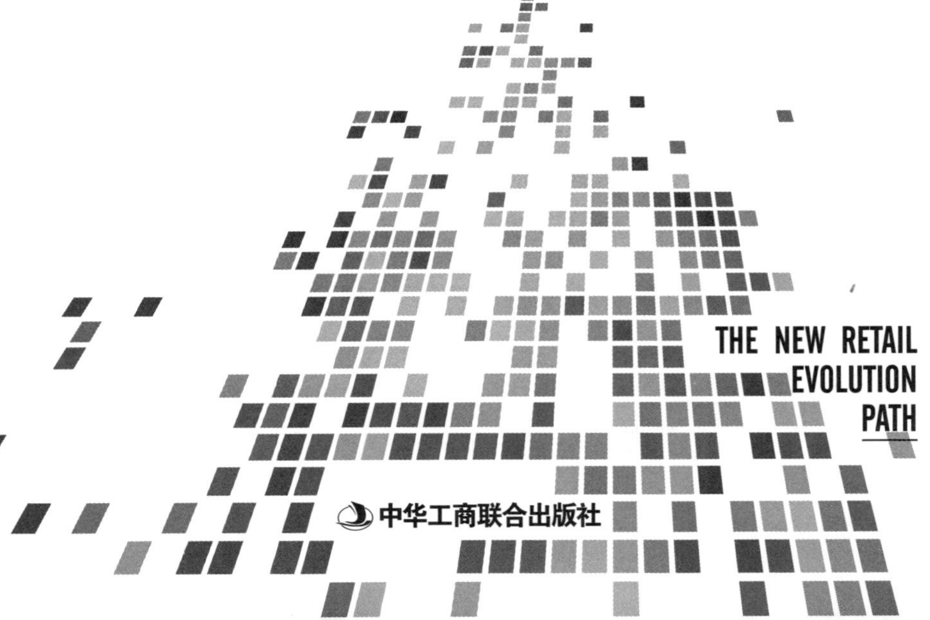

THE NEW RETAIL EVOLUTION PATH

中华工商联合出版社

图书在版编目（CIP）数据

新零售进化路径／李政权著. －北京：中华工商联合出版社，2019. 12

ISBN 978-7-5158-2619-6

Ⅰ. ①新…　Ⅱ. ①李…　Ⅲ. ①零售业－商业模式－研究　Ⅳ. ①F713. 32

中国版本图书馆 CIP 数据核字（2019）第 246608 号

新零售进化路径

作　　者：李政权
责任编辑：于建廷　王　欢
责任审读：郭敬梅
封面设计：仙　境
责任印制：迈致红
出版发行：中华工商联合出版社有限责任公司
印　　刷：天津丰富彩艺印刷有限公司
版　　次：2020 年 1 月第 1 版
印　　次：2020 年 1 月第 1 次印刷
开　　本：880mm × 1230 mm　1/32
字　　数：133 千字
印　　张：6. 625
书　　号：ISBN 978 － 7 － 5158 － 2619 － 6
定　　价：66. 00 元

服务热线：010 － 58301130
团购热线：010 － 58302813
地址邮编：北京市西城区西环广场
A 座 19 － 20 层，100044
http：//www. chgslcbs. cn
E-mail：cicap1202@ sina. com（营销中心）
E-mail：gslzbs@ sina. com（总编室）

新零售的未来答案

时至今日，依然还有一部分人认为新零售不过是一个虚头巴脑、忽悠人的概念，我相信这部分人是不会看到这句话的，因为他们“看不上”新零售，更不会对一本侧重推演和预判新零售进化趋势、影响效应及未来格局的书感兴趣。

如果你拿起了本书，翻看到了本页，那么你多半是有疑惑的、迷茫的，你希望能从本书找到一些答案。

其实，这确实是有关新零售未来答案的一本书。写作这本书的过程实际上就是我为自己寻求答案的过程。

因为我想弄清楚轰轰烈烈的新零售运动还会从阿里

巴巴盒马鲜生们的生鲜，重点向哪些品类快速扩展？

我想弄清楚“埋骨无数”的创新业态实验场中的无人店、无人货架的未来走向，未来又可能出现哪些能占领一席之地的创新业态，火热的社区便利店等近距业态，以及零距业态、移动业态又可能呈现出什么样的发展走势？

我想弄清楚新时代下的所谓体验、所谓场景、所谓大数据技术，可以怎么玩？

我还想弄清楚新零售将对消费经济与信用消费产生怎样的协同，以及新零售的下一站、新零售的未来又是什么？

带着这些疑问，我不得不在过去的整整一年中跳起自己所习惯的“慢三步”——往前多看一步，再往前多看一步，再再往前多看一步，力争站在未来的某个高地审视与复盘当前阶段的新零售。当然，还有以下我同样想弄清楚的问题：

日益深化推进的新零售将会对零售业，以及对拴在同一条绳子上的“蚂蚱们”——经销商、厂家的商业逻辑产生什么样的重构？

怎样影响中国市场的零售业，以及形成什么样的新格局？

基于新零售对消费零售端、商品的流通通路端的线上、线下打通与融合，阿里巴巴等新起航的新制造乃至产业互联网的新可能，又将从新零售中收获什么，又将反过来对新零售产生什么样的影响？

如此这般一层一层地探索下去，有关新零售的进化趋势、新零售对商业生态的链路式影响效应，以及有关商业零售的未来格局，就变得越来越清晰；零售商、经销商、厂家及创业者如何更好地成为新零售的参与者、弄潮者，而非被淘汰者，也变得越来越清晰。

是故，它们现在都在这本书中，呈现在你我的面前。

预先复盘新零售及商业的未来，自然就是为了找到与所谓正确及明智更接近的未来方向，以及面向未来调整行动、优化布局。希望我的这些思、辨，既能够让你多一份视野、多一个角度洞察到新零售的未来，也能够对你当下的行动有所裨益。

而这正是我公开出版本书的初衷。好了，现在就让我们看看阿里巴巴等巨头们如何主导新零售这场游戏，以及新零售带给我们的危险与机遇。

李政权

目录

导读

第三章　影响：新零售带来的五大链式效应

第四章　格局：新零售未来格局与业态成长

第五章 残局：新零售的现在与未来

后记

第一章　切入：新零售以生鲜为切入点的背后逻辑

阿里巴巴的盒马鲜生、京东的7FRESH、永辉超市的超级物种、苏宁云商的苏鲜生……巨头们在新零售的深化推进的初始，都纷纷选择在生鲜类产品上发力。

一个值得思考的问题是：巨头们为什么都不约而同地选择了生鲜作为新零售的发力点？

一、重构空间及价值大

生鲜的市场空间不仅足够大，还具备线下生鲜传统、线上生鲜渗透率低的特点，生鲜行业重构空间及价值巨大。

“民以食为天”，生鲜类产品的市场空间之大自不用赘述。

在消费力场[①]已经来到第三波大迁移的时候，如图1－1所示，生鲜电商的绝大多数企业受限于重资产运营、履约成本高、损耗大、毛利率比较低，以及模式得不到有效突破下的伪需求等老大难问题，仍然处在烧钱不赚钱的初始阶段。与此相对应的是，在线上商品零售额早就突破社会消费品零售总额10%的占比并大踏步向20%迈进的时候，线上生鲜的渗透率仍然维持在7%左右的个位数。

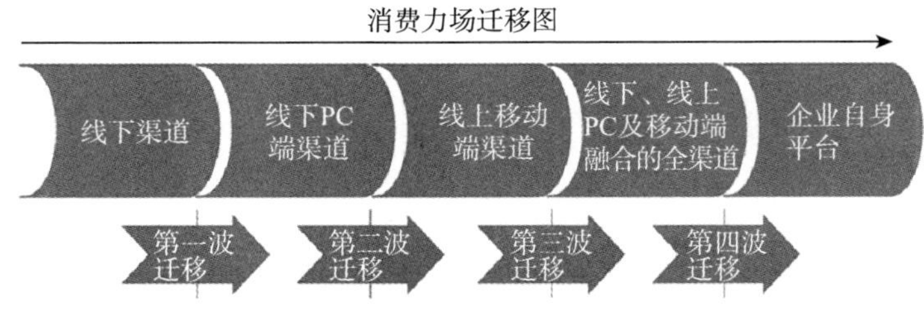

图1－1　消费力场迁移图

线上生鲜不给力，线下生鲜的各商业业态又处于非常传统的状态，这让生鲜行业的重构，具备了巨大的突破空间和爆炸式重构的极大价值。

---

① 作者注：我的《从趋势到行动：未来十年商业新生态》一书首次提出“消费力场”，2015年，中信出版社

二、非常容易做出不一样的体验感

无论传统生鲜电商还是传统线下生鲜，都存在重大的消费体验的缺陷，而生鲜新零售却能通过现场加工、堂食等轻易做出高于前两者的体验感。

做吃的生意，就要讲究色、香、意、味、形，但对生鲜电商而言，文字、图片、视频明显在这五个方面的体验上存在硬伤。除此之外，以次充好、货不对板、配送迟缓等消费体验上的问题，也极大地影响了生鲜电商的发展。

对线下生鲜而言，长期以来都以业态初级的面貌呈现。尽管各有其优势，但是菜市场脏、乱、差；大卖场、社区超市及便利店、生鲜专营店等业态，重销售、轻体验，且品种非常有限。可以说，它们都存在消费体验感差、消费服务（如现场加工及快速配送）欠缺、消费场景营造薄弱等问题。

而生鲜新零售既有升级又有重大的重构——升级的是购物环境、服务与体验，重构的则是依托数据与技术，对消费用户与门店、商品及服务的底层关系，相对传统的生鲜电商与线下生鲜及其缺陷，能够通过数据指导做出高效匹配，能够通过对生鲜商品种类及SKU的丰富和购物环境的营造提升基本的底层体验，能够运用现场加工、堂食及其生鲜商品背后的香与味等做足深层体验和消费诱导，能够通过类似半径3公里内30分钟配送的方式提供快速的到家配送服务……相对前两者，生鲜新零售容易有针对性地做出易被感知的提升。

三、流量价值足，便于盈利

生鲜类产品本身的刚需、高频等特点，不仅利于自身获得运营流量和营业流水，同时还具备高频商品带动低频商品，以及丰满新零售业态盈利模式的两大特点。

零售业态的商品零售+餐饮，是个相对成熟的组合，比如全家便利店，其豆浆、咖啡、包子、茶叶蛋及便当等餐饮商品，为其贡献了40%以上的利润；做家居的宜家，其“1元甜筒”等餐饮一年能够为它贡献将近20亿美元的收入（2016年的销售额18亿美元）。

作为以生鲜为发力点的新零售业态，“生鲜+餐饮+商品零售+外卖+O2O”等组合模式，自然能够明显地提升门店的流量、流水及坪效。

四、更易于产生重构效应

通过互联网、数据及技术的赋能，着眼生鲜，相对标准化的日化、酒水、小五金、百货等品类，更能通过服务与体验效应的叠加，对生鲜市场产生快速而明显的重构效应。

越是标准化的商品，消费用户对服务及体验的要求就越少、越低，越是不标准化的商品，消费用户显性或隐性的服务、体验需求就越多，要求也越高。

比如一瓶洗发水，只要是自己常用的品牌，我们可能看都不看，拿了就走，而对一条鱼、一块肉、一把蔬菜，我们可能看了又看、挑了又挑——水产品、蔬菜、肉禽甚至瓜果等生鲜类产品，正是标准化难度极高的品类。

生鲜类产品的这个特点，反过来更好地支撑了生鲜新零售对人、货、场及其需求释放体系的重构。

不可忽视的一点是，对传统的线上生鲜而言，消费用户多是偏年轻化的群体，而线下的传统生鲜，消费者则是老年人居多，这种不同购买渠道的用户落差，其实也意味着传统生鲜电商与线下生鲜在全年龄段用户需求满足上的不足。而生鲜新零售的“线上＋线下”，则能更好地覆盖各个用户群体，即便不讲互联网、新的商业技术及数据，在用户群体上就已经对生鲜市场产生了重构。

五、门槛看似低，实则高

看起来，谁都可以照葫芦画瓢做生鲜新零售，但是数据基础及管理、应用能力，供应链方面的议价、定价及掌控能力，持续的服务投入能力，优质店址资源突破及规模扩张能力等，则决定了生鲜新零售是一个门槛很高的领域。

目前选择生鲜作为发力点的新零售大玩家，无论阿里巴巴、京东，还是苏宁、永辉，都有庞大的数据基础做支撑，从而指导自己在用户画像、导流、消费偏好及消费行为的匹配等方面做出更准确、更高效的决策；都能通过全渠道的平台规模效应支撑自己更好地掌控上下游，具备更强的议价能力和定价能力；都有能力把许多人视为成本的服务投入当作重要的经营战略进行投入与持续性地投入，从而保证质素；都有能力通过参股、控股等方式，快速掌握一批可遇却难求的优质店铺资源，都有管理、服务及资金方面的支撑，实现快速复制与规模扩张。

因此，从某方面讲，生鲜新零售之战实际上更像是一场“巨头”的游戏。

那么，新零售以生鲜作为发力点的巨头们，未来将往何处去？

新零售又将会对线上、线下的传统零售企业，以及整个产业链条上的企业，乃至周边的企业产生什么样的影响呢？

新零售的未来又将呈现出什么样的业态及势力发展格局呢？

接下来，我们将一一详解。

第二章　方向：新零售八大进化趋势

巨头们已经纷纷确定了自己未来一年乃至几年的“小目标”：

• 阿里巴巴的盒马鲜生，在2017年已落子7个城市开发25家门店的基础上，2018年在北京开出30家门店，放之全国则是计划新开100家门店（2018年11月30日，盒马鲜生宣布全国第100家门店已落子武汉帝斯曼中心）。

• 京东7FRESH计划在未来的3～5年全国铺设1000家门店，而更早之前的“惊天”计划则是：五年内，在全国建设100万家京东便利店。

• 苏宁的苏鲜生以2017年的6家门店为发端，2018年在全国新开50多家门店，争取2020年苏鲜生的总体门店数达到306家。与此同时，2018年还将在全国79个重点城市布局5万组无人货架，一个更为宏伟的目标则是，要在未来3年内聚焦生活广场、零售云、社区店等业态，总体新开 15000 家实体店。

- 永辉的超级物种，基于 2017 年已开设 27 家门店的基础，2018 年再计划新增 80 家以上的门店。
- ……

或略显保守，或气吞山河式的激进，新零售巨头们的一个个“小目标”与新零售实践，正在将这场风起云涌的新零售革命轰轰烈烈地向前推进。

那么，未来几年的新零售又将何处去呢？

一、圈地扩张：由高地市场迅速覆盖全国

我们先来看看几家典型企业在新零售探索阶段的区域布局。

诚如前述，阿里巴巴的盒马鲜生、永辉超市的超级物种、苏宁的苏鲜生都是典型的新零售物种。截至 2017 年年底，它们基本都布局在沿海发达经济带，尤以北京、长三角、珠三角等一线高地市场为重。

2018 年 8 月月底，它们的区域布局出现了新迹象。

根据前后两次区域布局图的比较，新迹象之一：由沿海发达经济带的高地市场向华中与西南辐射能力强的中心城市延伸，盒马鲜生、超级物种、苏鲜生都在成都进行了布点。除此之外，盒马鲜生还把武汉作为一个重

要的据点。新迹象之二：在前期已经进入的重点市场，开始更密集地落子并进行深耕，帮助这些企业在这些市场控制运营管理成本、提升经营效率，以及建立起一个个所落子市场的竞争壁垒与优势。

对这些需要市场培育的创新业态，众人拾柴火焰高，大家基本选择了相互“跟着走”的方式。

那么，阿里巴巴与京东都宣称要开“100 万家”的天猫小店与京东便利店，又是什么样的情况呢？

姑且不管阿里巴巴、京东在“小目标”上的完成进度，单从区域布局来看，会发现一个比较有意思的情况。

阿里巴巴天猫小店的重点布局区域及城市是华东的杭州、华南的深圳与东莞、华中的武汉、西南的成都和重庆，整个布局的重心都在黄河以南，并且就黄河以南的华东、华南、华中、西南整个大市场形成了覆盖性落子布局的大格局，并与盒马鲜生等创新新零售商业形成较高程度的市场重叠与呼应。这样做，下一步也将方便阿里巴巴在整个南部市场的成片区发展。

而京东便利店的重点布局区域及城市，则是华北的北京和天津、东北的沈阳、华东胶东半岛上的济南和青岛、华南的广州。京东便利店的布局重心是黄河以北的市场，更确切的说法是重心暂时聚焦在大的环渤海经济带。这种布局方式的优势是管理成本相对较低，物流配送效率高，并方便在该局部区域形成规模竞争的壁垒性优势。

综合阿里巴巴与京东两者的布局重心来看，它们似乎在天猫小店与京东便利店的发展上，暂时形成了中国市场这么大，我南、你北，大家暂时互不侵犯，各耕一亩三分地，先各自发展的默契。即便阿里巴巴天猫小店和京东便利店都进入了大广东市场，但天猫小店侧重深圳、东莞，京东便利店则侧重广州，也形成了避免正面冲突的错峰发展局面。

那么，接下来呢?

结合各家的“小目标”及竞争驱动发展的趋势来看，我认为几种情况将成定局。

1. 创新业态竞争：巨头们在高低市场扎堆竞争，弱势参与者避锋芒

基于一线高地市场的战略意义，盒马鲜生、超级物种等创新业态代表在高地市场扎堆，相对高密度地精耕。基于这种局面，一些相对弱势及新兴的新零售参与者在一线市场难觅机会，将会把重心放在一线巨头还没进入或相对弱势的二线、三线、四线市场。

2. 传统业态升级：互避锋芒是暂时的，“南攻北伐”是必然的

在天猫小店、京东便利店等升级新零售的传统业态方面，阿里巴巴和京东目前互避锋芒的竞争局面是暂时

的。一旦双方在各自重点势力范围的市场整编门店形成较为饱和的布局，从相对松散的“散兵游勇”“乌合之众”形成了连而又锁的较为紧密的集团，必将“南攻北伐”，使竞争升级。

换句话讲，如何连而又锁、提升坪效及单店经营收入，将会是巨头们接下来的一个工作重心。

3. 边提升边圈地：竞争下沉

基于前期摸索、实践的基础，二线、三线、四线市场，尤其是二线、三线市场，以及四线市场中网购用户基数大及其类似百强县市等重点市场，将会成为阿里巴巴系、腾讯与京东系两大新零售玩家企业重点发力、快速抢滩的地方，这些市场的新零售玩家，将会遭遇超出它们想象得更快、更大的竞争压力。

4. 从投资并购到赋能收编

阿里巴巴、腾讯与京东等在“大快消”领域以资本为纽带的投资并购，已经因为优质实体零售头部资源几乎被“瓜分殆尽”的事实而告一段落。但是，更多区域性的主流实体连锁将会被阿里巴巴系、腾讯与京东系以资本为辅、赋能为主，或以流量、数据及技术等，被多种形式整合“收编”，并形成更为庞大的站队阵营，从而加快中国新零售革命的整体进程。

与此同时，在“大快消”之外具备足够市场规模的其他主营、主题性品类连锁商业的资本并购战将会变得热闹起来，比如医药连锁终端市场、个人护理品连锁终端市场等。

5. 新零售变旧：“新消费”成为新的时代潮流

基于以上判断，这场新零售革命将会是疾风暴雨式的激进式革新，慢则 5 年，快则 3 年，巨头们就将角逐出中国零售市场的新格局，而所谓的新零售将会变旧。那时候，这个概念很少有人提及。

那新零售又进化成什么呢（或者是又被什么代替了）？新消费会成为大概率选项！我们将在后面的相关章节着重提到的“新通路”，则会成为“新消费”的核心支撑。

而与此相关的新的并购战、新的圈地扩张将演绎出新的可能。

二、业态丰富：由单一业态走向全覆盖

除了纷纷选择生鲜为切入点外，目前的新零售在业态上主要呈现出一个局面：除了对传统的超市及便利店业态进行升级，创新业态无人便利店与无人货架成为市

场关注的热点与重心。

可以确定的一个有关零售业态的发展趋势是：**正在由相对单一的业态类型向业态的丰富化和全覆盖化发展**。

先不论这些创新业态的发展前途与走向，我们现在需要思考和探索的还有和业态相关的三个问题，或者说业态大趋势下的**三个业态微观趋势**。

1. 品类新零售业态的存在空间是显性的

鉴于线上、线下融合后，新零售门店都可以成为经营海量品类及 SKU 的存在。未来，只聚焦、只经营一两个品类的品类新零售业态还会不会存在，或者说还有没有存在的价值和空间？

不论相关法规的界定及限制，我的判断是，品类新零售业态的存在空间是必然而显性的，尤其针对那些正品需求度高、专业度极强、融合个性化差异极大乃至体积较大的品类，比如家居用品、个人护理用品、医疗保健用品等。

2. 移动型业态还将有新的存在

鉴于中国市场的物流配送基础及高速发展的可能，未来还有没有可能出现相对店址固定业态的移动型业态？

如果不做严谨的概念界定，移动型业态亘古存在，如走街串巷的小贩的货担，如也卖货的飞机、高铁，以及一些城市中穿梭的移动购物车。但是，我是不看好目前这种移动业态的。因为它们所穿梭、停靠及售卖的路线与地点，往往就是商业网点已经高度发达，以及已经能够很好地满足附近固定客群与流动人群需求的地方，现在它们的存在就是在和旁边的商业网点抢生意，也没有体现出移动业态之于消费用户所存在的价值。

但是，未来的新零售是有移动业态存在的价值和发展空间的。

其中之一的存在就是和配送相结合的泛移动业态，如针对运动、休闲、旅游等泛零售商业但流动客群又相对较多的区域，消费用户可以通过电话或网络下单，就是有人配送车辆或无人送货车送达的时候，打开车门不仅是你下单的商品，还储备甚至陈列着许多你可能用得上的酒水、零食、便当、毛巾等关联商品。

如果你具备一定的经济基础，未来的某一天，我们不用带包、不用带水、不用带零食就可以到没有人烟，也没有购物商业的荒野，因为头上的低空物流配送航道上穿梭着无数的送货无人机，我们需要某件商品，只要线上、线下单，订单跟随处理系统就能定位移动中的我们，就能快速地将下单物品递达到我们的手里。这时候的无人机甚至都可以定义为移动型业态的一种类型。

当然，这一切都需要遵循投入产出等基本的商业规律。

3. 距场业态从近距业态向零距业态演化

零距业态还将有什么样的存在？

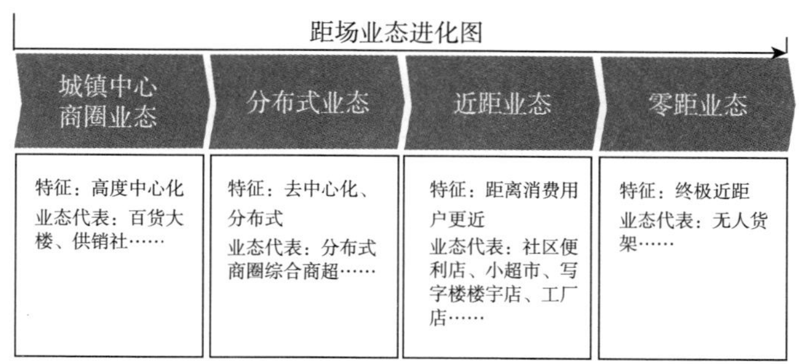

图 2－1　距场业态进化图

如图 2－1 所示，在过去的几十年中，中国的距场（零售）业态一直处于进化中，从城镇中心商圈业态到（区域商圈）分布式业态，再到近距业态（这是目前的主力发展业态类型），再到具备终极近距特征的零距业态。

可是，什么是距场业态呢？

我的定义是：距场业态就是以消费者距离商品卖场远近为划分维度的零售业业态。

什么又是零距业态呢？

这个概念业态是相对而言的，它相对的是贴近居民社区的社区便利店、社区超市，把门店开进物资匮乏的贴近工厂工人的工厂店，把门店开进办公楼宇的贴近写字楼客群的楼宇店。

具体而言，我对零距业态的定义是：在一个相对封闭而狭小的空间，消费者不用迈出这个空间就能实现购物的非纯电商业态。比如某个特定封闭场合中的智能售货柜；将售货点开进一家家公司办公室的无人货架，就是这种业态的存在方式之一。

先不论无人货架的发展前景，现在我们要谈论的是，除了无人货架这种形式外，还会存在其他零距业态吗？

以家庭为单位的零距业态将会很快出现。

具体的变现形式很可能是以家庭厨房，甚至是以高频使用并具备空间利用价值的冰箱为入口——冰箱有可能成为下一个售货场。

更远一点，以个人为单位的零距业态也会成为一个展望的方向——它将存在于我们的脑电波，当我们想要一瓶红酒的时候，频率波段协同的脑电波将自动放电影版涌现经过消费偏好、性价比比较、大数据处理的商品推荐，随意念下单。

到了这一天，零售业中经营着用户对消费体验要求不高的商品的企业，就可能出现只有分布式仓储和配送（分布式仓储和配送即物流），而无需卖货的门店，实体店体验也用不上了，因为这时候人工智能已经高度发达到能够替代实地体验的地步了。

到了这一天，零售业会高度集中于现在阿里巴巴、京东等新零售竞争的胜出者，一些商品品类的线下实体零售经营者被需求的可能性会被严重削弱。

三、品类增长：由生鲜类向多品类发力推进

阿里巴巴的盒马鲜生、京东的 7FRESH、苏宁的苏鲜生、永辉超市的超级物种……巨头们都以生鲜类产品为重点发力新零售。

但是，我们应该看到的是，生鲜类商品之外的其他品类及商品，不应该、也不会只是被生鲜带动的角色，对于其中那些通过加持商业技术、重构消费环节及场景就能带来明显的体验提升的品类、商品而言，它们很快就将被推到新零售的前台。

这些品类可能是什么呢？

1. 成为新零售未来重点发力品类的 4 大关键因素

其一，消费体验提升空间大且较为容易。

巨头们选择生鲜作为新零售发力重点的一大原因就

是，生鲜体验提升的巨大空间与容易程度。

这个因素同样也会成为选择生鲜以外的品类发力新零售的核心考虑因素之一。

不过，这种选择往往就对应着该商品品类的线下经营模式传统、经营手法陈旧，甚至是数十年都没有什么变化；而对线上的经营者而言，却又因为消费体验上的硬伤，无法有效而快速地提升渗透率，或者是线上交易规模很快顶上天花板经久难破。

但是，消费用户本身对该品类商品的体验需求和体验空间又是巨大的。

如果某品类商品存在这样的情况，就意味着它的消费体验的提升存在较低成本大幅拉升的可能性。

其二，从消费环节上来讲，从售前到售中再到售后存在较高的专业要求与较多的叠加服务。

在售前与售中环节，即便不能像生鲜类商品一样通过现场加工、堂食等需要进行叠加服务，方能淋漓展现商品好坏及适合度的感知诱导，在体验环节上也会存在较高的专业、技术要求。

即便有一个导购在身边，仅仅凭说也很难讲明白，还得进行商品展示和使用示范；即便身边有导购并参照前述方法做了，最好让顾客“以身试法”，才能有比较好的体验与感知。

而在售后环节，除了响应速度等方面的内容外，同样还可能存在技术含量方面的要求。

如果某些商品品类存在以上情况，那么线上零售就难以找到有效的解决办法。如果线下实体店也普遍没能有效地解决该问题，该商品品类在新零售时代的初始阶段就具备了冲上前台的更多可能性。

其三，相对刚需高频，具备投资回报想象空间。

有了消费体验提升空间大和消费全过程环节专业及服务要求高两个前提，如果再加上该商品品类本身具备刚需、高频的特征，那么这个品类的商品就能成为新零售的发力切入点和重心，就可能成为生鲜之后的新零售热点——因为这直接关系到投入产出与周边效益。

其四，行业规模够大。

细分品类行业的零售市场规模最好是在 5000 亿元甚至是 1 万亿元以上，这样的规模，再加上前面讲的其他几大考量因素，将会对类似阿里巴巴、腾讯与京东这样的巨头产生巨大的吸引力，从而促成符合条件的某个品类成为新零售领域的一大热点。

当然，如果我们只是新零售领域的中小玩家或创客，也不想在公司做到一定规模后把它再卖给巨头们变现，那么我们对行业规模 5000 亿元以上的追求，就可以放在一个相对次要的位置了。因为我们需要避其锋芒，不与强大的巨头正面竞争。

2. 新零售几大重点发力品类的方向

结合以上标准综合考量，还有哪些品类可能成为生鲜之后的新零售发力重点呢？

我们需要重点留意以下几个品类：

（1）个人护理产品，乃至大日化及药妆。

2018 年 8 月，京东到家与旗下拥有近 400 家门店的个人护理品主题店万宁连锁结成了战略合作关系，而在中国大陆超过 3000 家门店（全球总门店超过 13000 家店）的另外一个巨头——屈臣氏，下一步很可能成为阿里巴巴、腾讯与京东在该领域争夺的重点。

鉴于屈臣氏近几年业绩连年下滑和单店产出均值的下降，不排除其接受资本形式的并购。

（2）家用医疗器械、健身保健器械及其耗材，乃至药品、保健品等大健康领域。

阿里巴巴、京东等巨头早就在医药等大健康板块相关领域进行了布局，比如阿里巴巴专门负责该板块的公司——阿里巴巴健康是港股上市企业，阿里巴巴的天猫和京东的京东商城均设有类似“医药馆”的频道。

阿里巴巴旗下的饿了么已经覆盖了全国500多个城市的30000家药店，并为近1000万用户提供送药服务和在线非处方用药咨询；京东到家入驻的线下药店也已经超过了15000家，而其近期计划是整合10万家线下药店，并为这些药店从流量、用户、门店、商品和履约五大模块进行赋能。

目前看来阿里巴巴在医药等大健康零售领域走在了京东的前面——在其确立新零售战略之后，明显加大了在医药零售领域的投资并购力度。

2018年6月，阿里巴巴健康投资了在中国医药零售百强榜上排名前20的企业山东漱玉平民大药房，占股9.34%，同期还与安徽主流医药零售企业华人健康签订了战略合作协议；7月，协议收购了广州五千年医药连锁有限公司；8月，阿里巴巴又与门店数超过1000家的贵州一树连锁药业签订了购股协议，根据双方的收购及增资协议，阿里巴巴健康将最终持有贵州一树35%的股权。

因为医药连锁在跨区域扩张上，相对日用百货等商超零售连锁企业来讲，具有相应的特殊性和限制，亦可见阿里巴巴已经发起的医药零售并购争夺战，将更多地局限在区域性的主流连锁零售企业身上。

（3）大服饰。

在大服饰领域，阿里巴巴的天猫、淘宝等零售平台，一直占据着优势与主流网购地位。借着新零售的东风，腾讯与京东开始了对阿里巴巴的奋起直追。

2017 年 12 月，腾讯、京东和“线上奥特莱斯”——长期霸占中国第三大电商平台位置的唯品会签署了联合投资协议，前两者分别斥资 6.04 亿美元和 2.59 亿美元投资唯品会。

2018 年 2 月，曾与阿里巴巴签署战略合作协议的“男装第一品牌”海澜之家，出人意料地投入了腾讯的怀抱，后者斥资 25 亿元受让了海澜之家 5.31% 的股份，双方打算共同设立 100 亿元产业投资基金。

与传统日用消费品商超，以及医药零售更多为商业资本主导终端连锁零售不同的是，在中国的服饰领域，这个行业的零售终端有更多的门店是被上游服饰厂家及品牌运营商所自建或加盟主导的，更多的是以品牌连锁专卖店的形式存在，比如李宁、安踏、百丽、雅戈尔等，而汇集品牌的百货店或购物中心又更多的是以联营扣点、保底及租金的合作形式存在，又更多地带有商业物业经营的特点。这就意味着阿里巴巴、腾讯、京东等大的新零售玩家，需要突破并购投资高鑫零售、永辉超市等标的物整合条件及形式上的局限。

腾讯与京东等巨头对万达商业（2018 年 1 月，腾讯、京东、苏宁、融创中国携手投资 340 亿元入股万达商业，占万达商业股份比例约 14%）、海澜之家的巨额投资已经开了一个头。

综合各方面情况来看，产品品牌相对淡化、渠道品牌特征更突出的服饰连锁零售企业，更可能成为巨头们争夺该行业的重点零售资源，比如百丽国际集团旗下的滔博运动，就可能成为大资本狩猎的“高危”标的物。

（4）大家居（可能捎带家具、建材、装修及家居生活用品等）。

从2017年的下半年到2018年的第一季度，是中国零售业进入一个崭新阶段的标志性时期。

在这个阶段，阿里巴巴、腾讯、京东等新零售玩家在推进线上、线下融合的新零售浪潮中，不仅发生了密集型的大手笔并购，而并购的标的物类型，同时也为日后的新零售发展热点标示出了一些方向。

比如阿里巴巴及其关联投资方投资54.53亿元拿下了截至2017年年底有223家门店的居然之家（持股15%）。

居然之家是以家居为主体，业务范围涉及装修、家具建材连锁销售、智能家居物流等家居大消费领域的大型商业连锁集团，作为家居零售业的标杆企业，其新零售之路将会对整个大家居形成积极的示范和带动作用。

（5）其他。

核心将会是专业服务戏码较大的品类，如融合汽修的汽车零配件，融合前后环节加工体验与培训服务的大食品、大餐饮。

以上品类及领域，可能会成为继生鲜之后的新零售发力重点。同样，长期耕耘这些品类的连锁零售企业也可能获得阿里巴巴、苏宁、腾讯、京东等新零售玩家的青睐。

即便没有在这个过程中收到巨头们投资、并购的邀约，也会积极地通过选择加入新零售主流玩家的大生态，寻求在流量、服务、技术及数据等方面的赋能。

四、体验升级，技术加持：数据技术深层次商用后的改变

毋庸置疑的一点是，零售业已经处于一个消费体验大升级的时代，而商品数据化、线上引流及订单处理、移动支付、人脸识别、人工智能、个人基础征信、大数据采集及应用等相应商业技术的日渐成熟及应用，正是推动这种消费体验升级的核心因素。

但是，凡是牵扯到需要体验的需求，都可能有无止境的要求；凡是涉及技术的东西，都很难有终极的形态。

那么，在接下来的几年中，新零售所涉及的商业技术又可能触及什么样的消费体验？接下来，重点谈谈和大数据有关的两方面内容。

1. 大数据的深层运用

无论是其他行业还是零售业，目前在大数据的应用上仍然处于较为初级的阶段。尽管我们通过线上、线下渠道的数据打通，店铺、商品、消费用户、供应商及供应链等环节的数据化及相应的“数据探头”，已经能够采集与管理涉及人、货、场的相应类型及相应规模的数据量，但是在数据的处理与应用上，不应该仅仅是定向推送之类的精准化促销与传播，以及作用于品类商品及供应链环节的管理，一定还有很长的路要走。

比如在用户数据的架构上，如何将一个相对粗的架构依照用户社会身份属性、消费偏好、消费频率、消费关联、消费触发及触点等进行独立细分的而又能形成交叉应用处理的类别化管理及应用，以及如何将经过“脱敏”的数据处理结果作用于人、货、场及服务的无障碍动作触发。

未来某一天的场景可能是这样的：周五的晚上 6 点钟，数据警示系统适时分析得知，接下来的 1 小时将会有 100 名左右的顾客到场，而他们之中 25 ~ 39 岁的女性占比 85% 左右，她们之中 90% 将采买休闲零食、10% 会采买卫生巾、25% 会采买生鲜……她们各自采买商品主要集中的品牌、规格、价格段，以及高度关联购买的商品又分别是……

数据警示系统自动将分析结果传导给卖场广播系统、智能货架系统或智能导购机器人、关联促销系统，广播开始播放这部分顾客所喜欢的音乐；智能货架系统自动整理货架，将目标商品整理到这部分顾客的主视力陈列位置；关联促销系统自动向这部分顾客推送其关联购买的目标商品信息。

将来数据的应用不仅仅着眼于一个个标签化的细分群体，而是会以更加个性化、具体化的家庭甚至个人为单位，并着眼于他们整个生命周期的消费需求的释放与满足。

2. 预测技术将会成为核心技术追求

大数据的应用意义重点不在于分析过去，不在于通过分析已经发生的事实来“亡羊补牢”地指导自己现在怎么做，而在于预测未来——从过去和现在已经产生的纷繁复杂的数据事实中预判事物走向，通过这种对未来及趋势的把握来调整自己现在的布局及动作，做好准备拥抱即将发生的“事实”。

而这即预测技术，正是各种所谓“黑科技”加持下的新零售所需要的核心技术——这项技术将会在未来几年逐渐应用到有关用户消费体验，以及零售业前台、后台的运营管理中。

比如我们可以根据对一个单身女孩低头刷微信的面

部表情的识别，及其近期消费商品类别及数量等数据的交叉分析，判断出这个女孩子恋爱了，营销系统就可以根据这个预测结果定向推荐其偏好的甜蜜零食及甜蜜礼品；可以根据这个女孩购买卫生棉的周期及数量，判断这个女孩的生理周期，在其例假快来的前几天就判断出她上次买的夜用护垫应该已经用完，预测技术系统从而给营销部门指示，提前锁定该项需求，向其定向推送喜好的品牌护垫的信息。如果这个女孩子超过一个月未购买例假消费品，我们就可以提前预知她可能怀孕的信息，从而定向锁定怀孕早期孕妇可能喜好的商品需求，定向推荐相应的商品。

这些消费体验与零售商的经营行为，都和预测技术相关。只要数据处理系统足够强大，我们完全可以抛弃群体性画像这个有进步却依然粗糙的“玩意”，将消费触点管理模型、消费触发模型、消费行为预测模型等精准到以一个家庭甚至是一个个体的消费者为单位，当这一天到来的时候，我们就能围绕每一位用户的全生命周期，来预判和满足这位用户下个月的需求、下周的需求，甚至是三天后的需求。

在同一个阶段，当一个个最小单位的数据在预测系统汇总的时候，就会提前给出一个指导采购、物流、配送、品类与 SKU 管理，以及关联服务方面的最精准的数据指令，从而让计划调度部门、商品采购部门、物流配送部门、店面运管部门提前高效而又准确地做好工作。

五、场景重构，重点垂直：链式场景与消费链重构

在新零售及其互联网、数据、技术的赋能加持下，目前的零售场景与消费场景都已经发生了事实上的重构，但是这种重构更多地局限在两个方面。

一是消费购买的渠道场景。之前只能在几种类型的渠道购买，而现在生鲜新零售、无人便利店等方面的终端渠道类型更丰富了。

二是渠道场景中的诱导购买的场景。售卖渠道中，以前货架式、摊位式等只重售卖的渠道，通过现场加工、堂食，以及结合居家生活场景进行重新铺设，逐渐向消费体验发生了倾斜。

帮助消费用户更好地体验，就是为了更好地促进销售、使用户满意。其中，场景重构显然是重要的一环。

那么，未来几年的新零售又将重点呈现出什么样的场景重构方向呢？

1. 史无前例的柔性化与可塑化：更多地由中部售卖场景向前后端场景延伸

如前所述，在传统零售业及传统零售业初始阶段的

新零售运动中，我们与消费直接关联的场景着重体现在销售过程中的售卖场景，如快速消费品零售通过货架、地堆、端架及其他特殊陈列等方式，加上促销员引导购买的场景。

与此同时，大量指向售卖的消费诱导场景也被广泛使用。比如家具卖场，用自己的家具完整营造出一个卧室，一个餐厅、客厅的生活场景；手机品牌现场试用的场景。

这些场景传达的信息非常直接与生硬，那就是“买我吧”！

但在新零售的推进下，零售业重售卖场景的“旧病”将被根治，因为从某方面来讲，新零售运动就是一场场景的重塑运动，并因为数据及技术等的赋能，零售业的场景重塑史无前例地更具柔性化与可塑性。

其中，一个典型特征就是消费体验场景可以向之前“看不到”的前端、向“难以置信”的后端进行垂直延伸，如图 2 -2 所示。

比如我们可以借助已经非常成熟的二维码技术，以及各种物流、防伪追溯系统，通过视频、语音等方式，让消费用户远距离亲历产品从研发、设计到组织设备及原材料采购、生产加工、检验检测等各种产品抵达售卖场所的追溯考证场景。

当场景向后端延伸的时候，其他消费用户的离场场景可以利用常规工具及技术进行代言佐证，而 AI（人

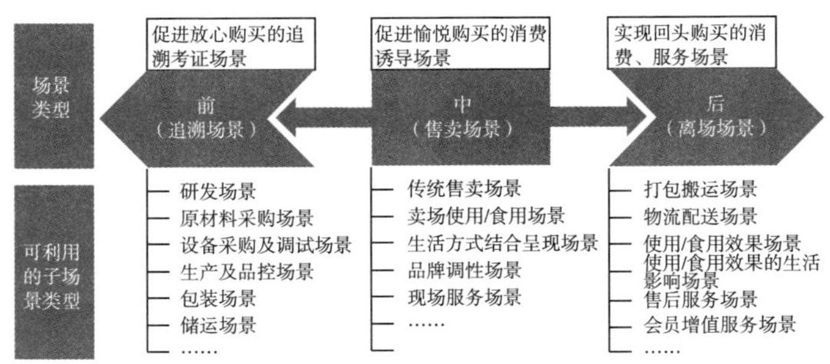

图 2-2 新零售消费体验场景前后端拓展图

工智能）、VR（虚拟现实）、AR（增强现实）等技术的日渐成熟及运用，同样可以给消费用户们展现出非一般的“预先消费”体验，以及消费者们所实现或者是想要实现的生活方式。

2. 消费链重构：围绕消费链及消费触发场景，突破场景场内局限性

未来几年的新零售，除了在场景端通过前、中、后的垂直延伸外，围绕消费用户们的消费链进行场景的重构，同样会成为其中的一个重点。事实上，没有哪个行业能比零售业更适合运用消费链来解决问题了。

为了便于理解，我们有必要在这里对消费链进行清晰的定义，如图 2-3 所示，我对消费链的定义是消费者在不同商品或服务之间、不同渠道之间、不同时段之间，进行选择性消费的内在关系链条。

这个链条，主要就由一条纵链（即消费行为过程链）与三条横链（即消费商品链、消费渠道链、消费时段链）组成。

图 2－3　消费链一纵三横模型图

横链中的消费商品链指的是消费者在解决同一需求或解决多种需求问题时，在不同品牌及其商品或服务之间发生选择的内在关系链条。

比如同是购买食用油，消费者会在金龙鱼和福临门之间做出选择，那么我们所需思考的则是：消费者解决同一需求问题时，是基于什么样的逻辑在不同的品牌及商品或服务之间发生选择行为的？我们又需要基于什么样的逻辑为主要销售的爆品配备供消费者游弋选择的品牌及其商品或服务？

比如消费者买了食用油，还可能强关联、弱关联，甚至是非关联购买鸡精或味精、酱油、醋、食盐、辣酱，以及大米、面粉、面条、水产品、肉禽等，那么我们需要思考的则是基于什么样的消费触发环境和需求链条，以及基于什么样的品牌选择观与消费抉择理念发生强关联、弱关联甚至是非关联购买的？

横链中的消费渠道链指的是消费者在解决同一需求或多种需求问题时，在不同渠道之间发生游弋选择与事实性消费的内在关系链条。

比如消费者们去5公里之外的沃尔玛、4公里之外的家乐福、路上的杂货铺、500米之外的永辉生活超市、办公室里的无人货架、住家楼下的红旗便利店，以及不用特地去某实体店消费的线上购买，至于这些渠道及背后场景下的选择性消费。

可是，消费者从A渠道到B渠道……再到A渠道的渠道消费轨迹及规律又是什么样的呢？又是什么原因诱发了这些轨迹呢？

横链中的消费时段链指的是消费者在解决同一需求或多种需求问题时，在不同时段发生消费选择的内在关系链条及规律轨迹。

这可能和消费者单位时间内的家庭人口变动、工作及职务变迁、需求解决的急迫性、采买量及消费频率，甚至心情等原因有着千丝万缕的关系。

而就纵链消费行为过程链来讲，则相对好理解得多。无论消费者在哪些时段、渠道、商品或服务之间发生具体的消费抉择、产生何种消费轨迹，大家都需要从需求认知及激发开始，经历由若干环节构成的行为及动作过程，而且这样的过程是伴随着消费者初始及再次消费一项项商品或服务周而复始的。

通过对以上消费链的认知，我们能得知一个基本的事实，如果更棒的装修、更人性的陈列、更好的消费环境营造、更多样化的高性价比商品等，仅仅是解决能否做得更好的问题，那么基于消费链及各消费链各环节背后的场景应用，则更像是对零售业的重构。

这种重构所围绕的重心就是消费者的消费链与消费链背后的场景，并通过对消费链及其场景的重构、对消费用户关系与解决及释放其需求的重构，实现对传统实体零售及传统线上零售的颠覆。

要如何理解这些要义呢？

2010 年以前，绝大多数人的绝大多数消费都是在线下的各种渠道发生的，后来 PC 电商崛起，消费力场开始迁移，事实上就对消费渠道链发生了重构。当智能手机与 Ipad 等移动终端进一步普及的时候，随着消费力场向移动电商迁移，不仅对消费链中的渠道链进行了再次重构，同时也因为解决了碎片化时段的碎片化购物，还对消费时段链发生了重构。

与此同时，前述的两波重构事实上也对消费商品链产生了重构效应，比如一个偏远地区的消费者完全可以突破之前地域和商业零售的配套限制。理论上，跟发达城市的消费者一样享受到同样的品牌商品了。而城里的消费者就因为互联网技术及物流配送的发展，理论上也同样可以吃到与偏远农村消费者一样的生态瓜果了。

消费行为过程链，更是在这些重构中发生了翻天覆地的变化。

比如从亲身消费体验、亲朋介绍到互联网检索，从抬着腿、张着嘴货比三家到网上比价，从多层级供应链的末端渠道购买到产地工厂及农户家直接购买……

新零售不是换汤不换药的概念，围绕消费链中的一纵链三横链，及其背后的消费触发与消费体验场景所做的文章，足以让零售业发生革命性的变化。

正因为这样，关于消费链及其商品、渠道、时段与消费行为过程的单环节、单点及交叉式重构，将会成为未来新零售的一个发展重点，并与消费者们的生活方式相互提携着前进。

六、无处不在：随时随地的信用消费与购买获得

很多人都把 2017 年作为新零售的元年。既然是元年，就意味着新零售刚刚起步，处于摸索阶段。

在前面的内容中，我们谈到过消费力场迁移图，但是那不是完整的，是时候谈谈消费力场的第五波迁移了，如图 2 –4 所示。

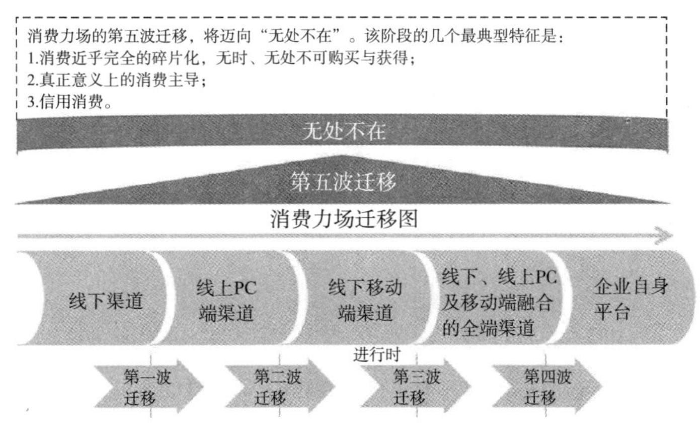

图 2 –4　消费力场迁移图

新零售之所以新，一个重要原因就是有了大数据、新科技及新的商业技术的加持，而这些智慧零售成果的应用将会加速推进零售业的革新与发展，随着人类社会在区块链、商业数据卫星、人工智能与智能机器人及智能机械等方面的发展，以及在零售业中的应用，未来的零售将会超越现在所谓的新零售，发展到一个全新的阶段。

这个阶段就是消费力场的第五波迁移——无处不在的新零售阶段。

这个无处不在的阶段，具有三个典型特征。

1. 真正意义上的消费主导

我们已经处在了一个消费主权意识强化的、买方主导意味更浓郁的时代，但是这仅仅是消费主导的初级阶段，消费主导将会出现长足的进化。

长期以来，每一家零售商都在试图通过货架上琳琅满目的商品，来展现自己的商品种类丰富，但是更多的是零售商们通过对销售数据及货品流向的分析，在营业收入及利润指标的要求下得出的主观结果。

也就是说，所谓的消费主权依然是：你提供什么，我才能从你提供的货品中选择什么、买什么！

其中，有多少商品是许多消费者一生都消费不到的，又有多少商品是消费者在一次次购物中都不会购买的？

显然，对消费者来讲，所谓的消费主权依然是一个有些缥缈与虚妄的概念。

但是，在无处不在的新零售时代，属于消费用户的消费主导时代真正到来了。其中一个典型特征是从人找商品/服务的时代跨入懂我、知我、找我、满足我。（本处的我指的是消费者）

比如我的购买不是取决于你有多么丰富与性价比多么高的商品，而是因为我需要某个品类某个品牌的某个商品，你满足我的需求的本源是基于我的需要，并根据我的需要去准备商品的采购和完善服务——**洞察与预测消费需求，在无处不在的新零售时代，将会成为每一家零售商最基本的基础技能。**

如果一个消费者长期固定在一家或几家零售商进行消费，他的需求或许更好满足，但是我要说的是，当新零售发展到无处不在的阶段，即便是同一个消费个体，他走到阿里巴巴或者腾讯旗下在全国任意一个角落的任意一家零售门店，都可能从当地的零售商那里享受到这种待遇。

要做到这一点，大数据及数据开源、区块链及其在商业消费数据上的应用，以及有关以个人或家庭为单位的消费需求与行为的预测技术，就会在里面帮上大忙。

2. 无时、无处不可信用消费

在无处不在的新零售阶段，另一个基本特征是：多数消费用户甚至是所有的消费用户，在中国的新零售版图内，无论何时、何处，无论线上、线下，都可以先消费，并在立即扣款、延期付款，或者是分期支付上进行选择；消费用户即便已经享用了某个商品，也可以在现在已经很盛行、很方便的退换货之外的拒绝付款上享受到相应的权利，前提是符合信用规则下拒绝付款的条款。

这是一个什么样的无处不在的新零售、新消费阶段啊？

零售商已经建立或者已经能够享用到针对消费个体的底层征信系统、信用记录体系、消费用户的收支及信用评估体系、消费风控体系（当然，它们的开放都是封闭式与面对特定授权对象的），而由这些构成的消费信用账户将可能与每一个消费个体的所有货币账户相关。

从未来看现在，强调科技与智慧的主力零售商们已经有了一些对应的布局和准备——阿里巴巴、腾讯、京东等公司都有了自己的消费信用系统。

阿里巴巴已经有了个人征信系统“芝麻信用”；京东也从2015年开始与美国大数据分析公司ZestFinance（原名ZestCash，美国数据风控模型公司）合作建设中国消费者信用数据系统。

而由腾讯、阿里巴巴、京东、百度等共同参与投资的网联（全称：中国网联清算有限公司）因为介入了境内的各家银行等，在未来很可能通过成立相应的经营主体，为各家零售商及其他相关企业限制性开放有关消费用户的收入流水、存款、贷款履约等基础性大数据。事实上形成针对每一位消费个体的底层征信系统。

从现在看未来，类似消费金融白条之类的东西不过是信用技术实践的第一步；而2017年下半年开始大热的区块链技术，将成为解决信用、信任问题的底层技术。

从未来看未来，不能及时赶上新零售这趟车，以及不能和阿里巴巴、腾讯、京东等站好队的传统线下实体或传统线上零售商们，仅仅因为一个“信用消费”就可能被新零售商们打败。

3. 消费行为近乎完全碎片化，无时、无处不可购买与获得

即便是当前阶段，消费用户们的消费信息获知途径、消费购买时段、消费选择渠道都已经高度碎片化了。

不幸的是，这种碎片化还远没到结束的时候。同样不幸的是，我们在许多碎片化的消费场景中的消费需求（如攀登梅里雪山过程中的氧气及食品需求），因为受困于通信、网络及物流等限制性因素，商家们还没有办法去满足这些需求（而需求满足条件的改善，亦反过来继续促进消费行为的碎片化）。

那么，**未来近乎完全碎片化的消费行为又将呈现出什么状态呢？那就是打破了特定不可购物环境及时段的限制，从而变成无时、无处不可购买与获得！**

2018 年 2 月 22 日，埃隆·马斯克（Elon Musk）的 SpaceX 公司（美国太空探索技术公司）用它的猎鹰 9 号火箭将 PAZ 卫星、Microsat－2a、Microsat－2b 三颗卫星送入太空。其中，后两颗卫星是本次发射的主角，因

为它们是人类历史上具有标志意义的太空互联网卫星。

根据 SpaceX 公司宏伟的 Starlink 卫星互联网计划，它将通过1100 公里左右的4425 颗低轨道卫星与7518 颗300 多公里的更低轨道的卫星，组成太空互联网网络。

而根据中国航空航天集团公司的“鸿雁星座”计划，中国也将在 2020 年建成一个由 60 颗低轨道小卫星组成的太空互联网网络，而全球类似的计划还有很多。

一旦太空互联网成为现实，就意味着手机等移动终端设备能打破空间的限制，全天候、全时段，在全球任何偏远的农村，海洋、高山、峡谷等任何恶劣的地形环境下接入互联网实现消费。当然，另一个前提是无人送货机等物流配送科技及服务要跟得上。

与此同时，这也让全天候的无人零售店等创新业态走出城市、走出社区，在恶劣的地域环境中可以得以实施。

比如我们可以借用卫星数据与热力成像感应等，判断某座高山某个位置的基础人流数据及个体特征，基于个体及人流规模辨识与预测需求，一旦符合基本的投资回报标准，以及周边具备电力等基础性配套，我们就可以将无人零售店开在这座高山的山腰甚至是山顶。

当然，与这家店有关的配送、理补货，乃至盗损成本肯定是比较高的。但是，要开设这家店的前提就是前面所讲的“符合基本的投资回报标准”，并在这个标准的基础上，结合物流分仓的布点设置、众包物流或其他低成本物流及相应技术等来控制成本及风险。

七、任何切入路径，都将本质回归

其实，从2016年至今，中国企业或商人们的新零售切入路径主要有三条。

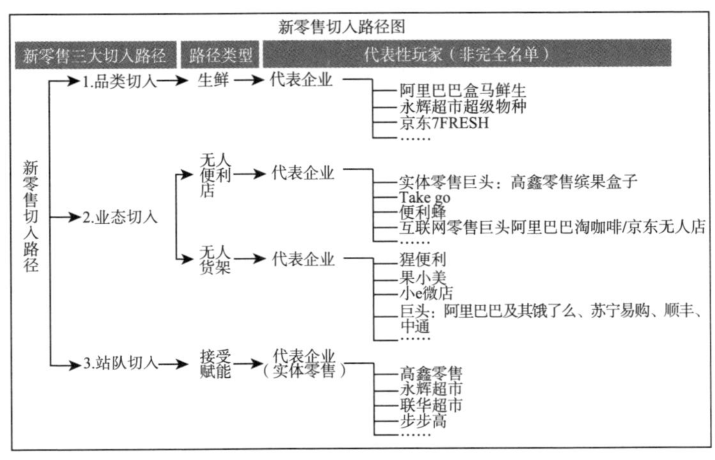

图2-5　新零售切入路径图

如图2-5所示，这三条路径就是品类切入、业态切入与站队切入。

就如前面讲的一样，品类切入是巨头的游戏，而站队切入主要对应的是赋能与接受赋能，是阿里巴巴、腾讯、京东等互联网巨头与线下高鑫零售、永辉超市、联华超市、步步高等线下实体零售头部资源之间的竞合，同样也可以说是巨头之间的游戏。

相对生鲜品类切入的高门槛与站队切入的强基础，以及巨头们在业态切入上的相对“轻涉入”，**业态切入这个新零售的切入点，就成了中小创新者、创业者们的机会狩猎场**。

是故，从2017年以来，以业态创新切入新零售的好戏，以无人便利店与无人货架为主角交叉上演。

但是经过梳理后发现，品类切入与站队切入新零售的企业，它们更多在讲互联网及大数据赋能、消费场景重构、消费体验提升、品类管理、供应链管理、限时到家配送服务……而以无人便利店及无人货架等创新业态切入新零售的企业们，它们更多强调及更多被市场所关注的却是刷脸支付、机器视觉、重力传感器等所谓的“黑科技”，仿佛它们更像智慧零售科技的集成商，而非零售商。

这是非常危险的一种信号或者说“错觉”。

因为当我们把自身更多的关注点及竞争力因素聚焦于零售业的周边智慧科技的时候，难免就会暴露我们对商业、对零售业本质理解及坚守的忽略，甚至是欠缺。因为这就意味着一大波新商业、新零售的牺牲品正走在了自掘坟墓的路上。

而大多数无人便利店的创始人出身于媒体业、广告业、公关业、IT 业而非“大零售业”的实际情况，似乎也印证了我的这个观点。

说到这里，我认为当下喧嚣的新零售探索与实践，需要并且也将回归零售业的本质。

那什么又是零售业的本质呢？

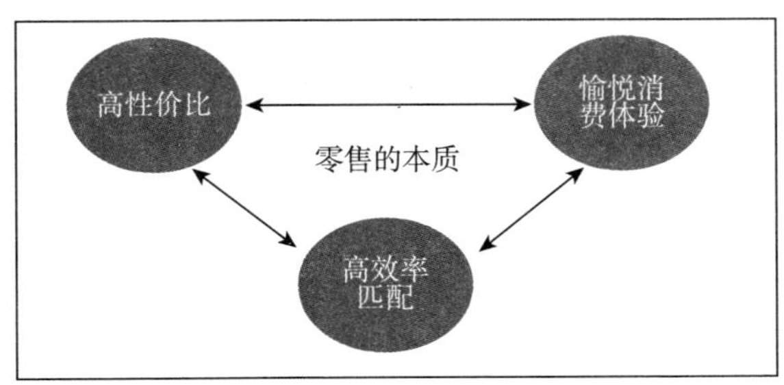

图 2－6　零售三角本质图

尽管对零售的本质的描述可能会有很多种方式，但如图 2－6 所示，我所理解的零售的本质就是“高性价比＋愉悦消费体验＋高效率匹配”。

1. 高性价比

从某方面讲，高性价比就是商品与服务的多、快、好、省。这四个字说起来容易，做起来却不简单。

因为这四个字在消费用户面前呈现的是“果”，背后的“因”却是对供应链端的整合、管控能力；对应的是零售商在供应链段的议价能力和在消费用户端的定价能力；对应的是在毛利与费用上的管理能力；对应的是在到家配送等方面的服务兑现能力。

遗憾的是，目前通过无人便利店及无人货架等创新业态切入新零售的企业，绝大多数都受制于网点规模、采购规模及销售规模，在这些能力上是非常欠缺的。

除非你有大资本的加持，能够预支未来的预期收益，提前兑现“消费补贴”。

2. 愉悦消费体验

愉悦消费体验是自己的商品与服务，从消费用户的钱包一次又一次换出钞票的叠加过程。

这意味着我们不仅要给自己的消费用户提供高性价比的商品与服务，还要通过场景、服务、零售智慧科技等新商业技术、体验，让他们满意与快乐，留住他们并长久地重复消费。

从某方面讲，这是在强调零售业的服务属性，也就是通过消费用户所需要的、好的服务，让消费用户满意，让他们不吝啬在我们这儿一次次地消费。

从这方面来看，无人便利店与无人货架等创新业态要想走得更远，就需要在“智慧零售科技 + 商品售卖”之外，再增加愉悦消费体验的属性。当然，人性化的科技与多、快、好、省的商品本身就能够带来愉悦的体验。

可是，我们做到了吗？我们又做到什么程度了？

3. 高效率匹配

如图2－7所示，高效率匹配是消费用户对商品与服务的所得即所见、所见即所寻、所寻即所需、所需即所（供）应、所（供）应即所得，它也是对高性价比和愉悦消费体验的关键支撑。

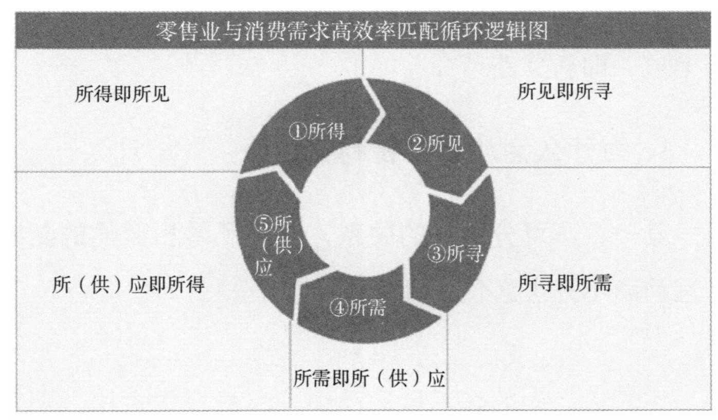

图2－7　零售业与消费需求高效率匹配循环逻辑图

而要做到对消费需求的高效率匹配，我们就需要做到对客群消费需求及行为的洞察和预判；就需要对应的大数据采集、管理、分析及运用；就涉及对供应链的管控，对售前、售中、售后及到家配送等服务的投入、整合及专业度；就涉及对零售企业内部的采购、品控、服务响应等方面的业务流程及管理体系的重构。

八、从新零售到新通路、新消费

目前的新零售运动，主要还是一场重构用户关系与彻底释放用户人性需求的终端运动（从上游厂商的视角，零售商即终端商），但是新零售运动势必会发展成为新渠道，即新通路运动，新零售革命势必会发展成为新渠道，即新通路革命。

1. 为什么会从新零售到新通路

其一，不可分割性的关系，注定了零售商们的新零售运动离不开上游供应商的配合。

在零售商们的新零售运动中，消费场景重构、消费体验提升需要上游厂商的配合；零售商对消费用户的服务需要上游厂商的配合；零售商的产品采购与定制需要上游厂商的配合；零售商的供应链物流效率需要上游厂商的配合；零售商的毛利和费用目标的获得与控制也需要上游厂商的配合。

事实上，也正是基于零售商和上游供应商之间的不可分割性的关系，零售商在过去的几十年发展中，一次次地引导甚至逼迫上游厂商发生了对应的变革。

其二，发挥主导权才能实现更好的配合。

如图 2－8 所示，零售商在上游厂商的渠道体系中，是离消费用户最近，并直接掌握、管理及经营着消费用户的环节，处在将产品转换为商品，以及将产品从消费用户那里换回钞票，从而实现最终变现的临门一脚的关键位置。

也正是因为这个原因，在零供关系中，零售商才是强势与主导双方合作关系的那一方，即有能力主导供应商配合零售商自身发展需要进行变革。

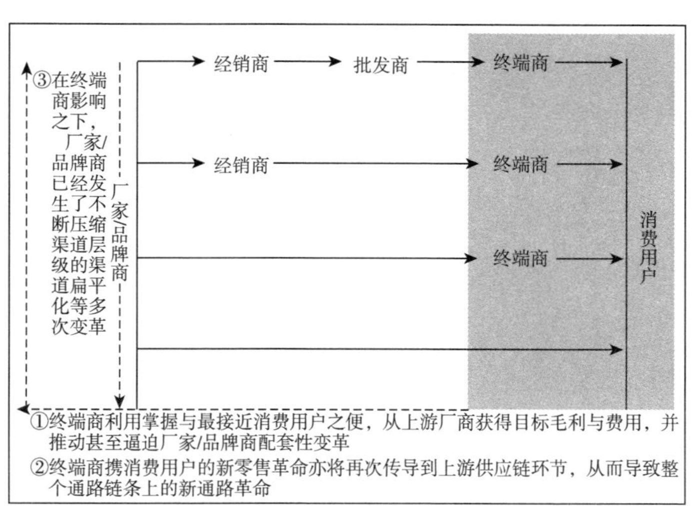

图 2－8　通路层级进化图

在 20 世纪八十年代中期之前，很少有厂家使用商品条形码，但是沃尔玛等零售商基于收银效率、商品管理、供应链及物流管理等需要，强制性要求供应商使用条形码，这才有了今时今日条形码的普及。

2003 年左右，零售商们又开始以“你们产品的价格已经达到了 × ×，建议使用 RFID，以便防止盗损”等为理由推广使用无线射频识别技术，现今有关 RFID 的使用已经很普及了。

也差不多是这个时间段，中国市场的厂家及品牌运营商们开始了风起云涌的渠道扁平化运动。

这是一场互联网介质之外的，更早的“去中间化”“去中介化”运动，一家家企业将自身通路体系中的二级经销商、三级经销商、批发商等冗长的渠道层级大刀阔斧地砍掉，直接以地市级甚至县级市场为单位招募经销商，直接与全国性及区域市场主流的连锁零售企业合作。而导致这场通路革命的重要推手，就是零售商们的直供要求。

其三，从新零售到新通路本身存在巨大的商机，能够实现零售商对消费体系与通路体系的泛产业链运营。

现在，只要供应商的产品进入零售商的线上、线下卖场或者是电子目录，就进入了新零售商的新零售体系。

消费用户们可以从线下或线上购买到你的商品，在购买的线下渠道中，可能是我的无人货架或者是无人便利店，也可能是传统业态；他们可以享受到移动支付的便利，以及三公里内三十分钟到达的到家配送服务。

但是，你的产品进入了我的体系就进入了新零售只不过是一个开始。接下来，你的产品、研发及生产环节就要配合我的新零售变革及其需要。

每个产品都要使用二维码或 RFID，但是它们的链接目标不能是你的官方商城与会员系统，而是有关产品从原材料种植、生产加工到包装品控过程的追溯场景，或者加上使用方法指导，或者加上 DIY 安装视频，以及使用产品的场景诱导和使用后的消费诱导场景。

产品出来后，你不能再像以前一样通过经销商按传统方式来运作，而是跨过第三方中间渠道直接进入我的体系，我会用我的线上、线下渠道让你同时面对线上、线下零售商与消费用户进行预售，会利用大数据及用户画像为你进行定向精准推送，我会用自己或者指定的第三方物流将你的产品配送到全国或区域市场内所有适销的终端售点，还会为那些线上订购及线下购买但有配送需求的消费用户提供到家配送服务。

你以前在一家又一家零售商做的促销及其费用投入，不要再用以前的那一套，我的平台集合了千千万万的供应商，以及它们的产品和促销品，消费者即便只购买了你一家的产品，参与了你一家的促销活动，他们也可以凭借消费积分或促销电子券，在千万种促销品中选择所需。

但是，对不起的是，你要把以前分给别人的物流支出、渠道与消费者促销等费用分给我。

瞧，这就是新零售，以及从新零售发展到新通路所孕育的商机。

如果我们再梳理一下前面讲的情况，就能得出新零售商们将会从传统的零售商摇身一变为集合零售、促销、物流、配送及分销等为一身的营销运营链，或者说通路产业链运营商。

其四，再下一站，新消费。

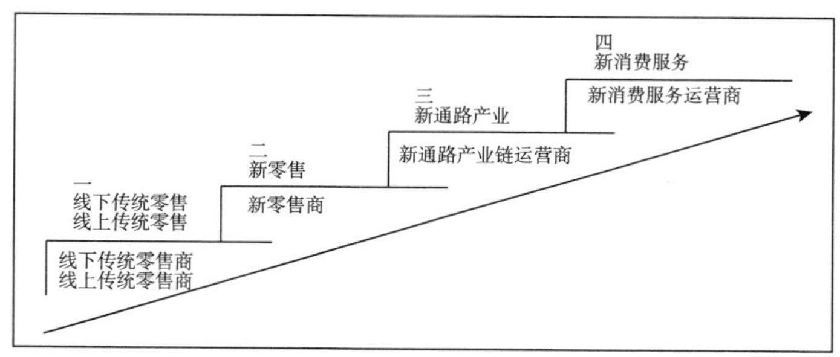

图 2－9　零售业及新零售进阶发展趋势

如图 2－9 所示，从更长远的角度来看，当新零售发展为新通路之后，解决了消费通路层级与供应链问题的零售商们，将“最终”发展成为消费服务链的泛产业链运营商，即新消费服务运营商。

2. 新通路革命将会是一场破坏式创新

以阿里巴巴、京东等为代表的电商企业，是典型的破坏式创新的商业生物，它们对线下实体零售、对商业地产、对货币支付方式等都产生了破坏式的颠覆效应，也因此成就了自己。

而当下的新零售则更像是一场由阿里巴巴、腾讯、京东等发起的基于旧有基础的持续性创新运动，在线上零售与线下零售融合的过程中成就彼此，做得更好。

但是，当新零售发展为新通路的时候，势必又是一场破坏式创新的商业革命。既然是从零售环节到整个通路链条，那么与过去那次破坏式创新不同的是，这次的新通路革命将更多侧重于从消费用户到厂家或品牌运营商的中间通路环节。

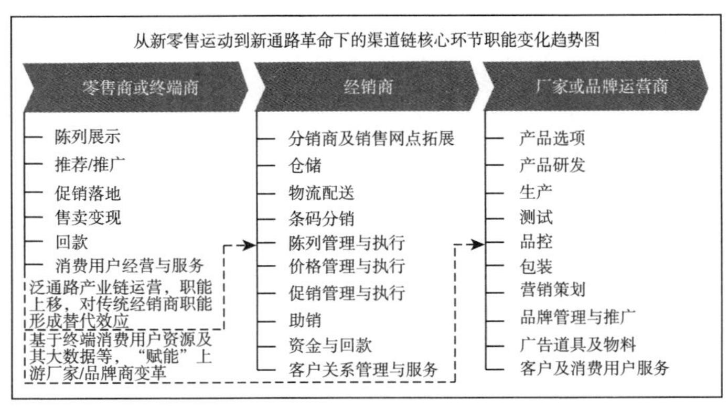

图 2－10　渠道链核心环节职能变化趋势图

如图2－10所示，当零售商们的新零售发展为新通路的时候，中国企业的传统渠道价值链条上的各主要环节的职能将发生重构。

零售商们将会从传统的陈列展示、推荐、推广、促销落地、售卖变现等旧有职能，上攻上游的经销商职能，从而将仓储、配送、分销等加入自身的职能目录，同时借由线上、线下的融合，用户资源的数据化聚合，以及消费大数据等，强化渗透对上游厂家、品牌运营商的影响，“赋能”它们在产品研发、生产、品牌运营等方面的业务、管理及流程变革。

这对中国市场的传统渠道链条既具有巨大的破坏性，也具有显著的创造力。

破坏性在于新零售的进阶之路是以破坏传统渠道价值链的商业生态为代价的，是以重构传统渠道链条的利益分配为代价的，是以颠覆中间渠道——经销商、批发商的生存根本与存在价值为代价的。

换句话讲，经销商、批发商等中间渠道环节，在上游企业的渠道扁平化、互联网时代的去中间化之后，正在迎来自己被跨越、被弱化、被替代的，事关生死与发展的第三波生存挑战，将进一步推动与加速传统经销商、批发商的转型。

创造力在于零售商们由零售进化成了整个通路产业链与消费服务链的运营；在于职能上移过程中对中间食

利环节的颠覆，以及推动形成了中国市场的新通路体系；在于“以终为始”——以最末端的消费用户的需求洞察、预测及大数据，作用于涉及整个通路链条的供应链体系之时，所可能爆发出的潜在价值。

提醒大家回过头来想一想，当零售商们由传统零售到新零售，再由新零售到新通路乃至新消费的时候，零售商们的核心竞争力与竞争要素是不是又发生了很大的变化？

毋庸置疑，从零售端到消费用户端，从消费用户端到供应链端，这一定会帮助有能力的零售商构筑起迥异于以前的核心竞争力！

更直白地讲，从传统零售到新零售、新通路、新消费，零售商们的新的核心竞争力将来自消费用户端的服务匹配与满足能力，以及供应链端的掌控能力。

请注意是“掌控”。

3. 巨头们的布局已经开始

无论是有意也罢，无意也好，阿里巴巴、京东、苏宁等巨头，其实都已经开始了新通路乃至新消费领域的布局，都在从零售向B端、向整个供应链上攻，希望构筑起一条完整的、有竞争力的新通路产业链条。

而对阿里巴巴与京东这两大新零售的玩家来讲，我们已经能够从它们身上清晰地看到从新零售到新通路的战略。

这里我们就以京东为例，聊聊巨头们在新通路上的努力。

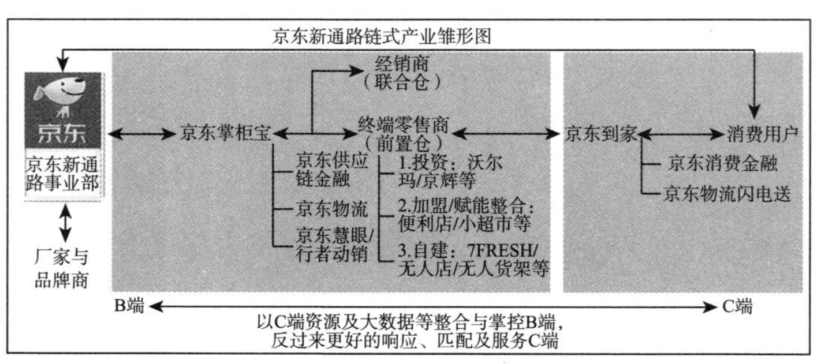

图 2－11　京东新通路链式产业雏形图①

从图 2－11 可以看出，目前的京东已经构建起了一条几近成型的新通路产业链条。在这个链条上，消费用户通过京东、京东到家，以及线下实体零售门店等订购与采买商品并根据实情享受消费金融支持与到家配送服务，而终端零售商们则通过入住京东到家，服务与经营周边消费用户，通过掌柜宝订购消费用户们所需要的商品。

对这个链条的上游，即厂家与品牌商来讲，京东企图给它们解决深度分销所涉及的人力、物流与管理等方面的效率及成本问题，以及向四线、五线、六线农村市

① 简图，未完整概括京东在新通路的布局与实践，如腾讯公司在流量及入口等方面对京东的加持，京东在微选等移动端上的布局

场渗透的成本高、进度慢等老大难问题。另外一个重要的利益点是，京东通过自身的“慧眼大数据”及“行者动销”，帮助上游厂家与品牌商掌握终端及其终端条码分销和动销情况等适时数据。

为了让这些设想落地，京东将为上游厂商提供分销、仓储配送、地勤服务、门店营销与数据分享、供应链金融等一揽子服务。

对这个链条上的中间环节，即经销商、终端零售商来讲，尽管京东高管曾称“（京东）新通路不会打破原来的经销体系，更不会替换它，而是与原有通路进行融合”，但从营销通路的进一步去中间化趋势和通路效率的提升需求来看，经销商体系一定是逐渐被弱化、被整合（如成为京东新通路体系中的联合仓）的环节。因此，重心必然是放在夫妻店这些终端实体店上。

在这个环节，京东要做的是在全国范围内打造一个销售终端体系，或者说建设一个新零售实体终端体系。除了实施百万家便利店计划，翻牌夫妻店将其吸纳加盟为京东便利店等业态门店，并进行线上化、数字化、服务化及形象改造等之外，还包括通过投资（或被投资，如沃尔玛参股其成为京东股东）永辉超市、步步高等实体零售优质资源和唯品会等线上优质零售资源，以及通过自建 7FRESH、京东 X 无人超市、无人货架等探索创新零售业态。

这些努力都有一个明确的指向，那就是吸纳、服务和经营好个人、家庭、企事业单位等泛零售用户。因为这才是京东大平台的根基，才是整个新通路产业链条的牛鼻子和龙头，并以此反哺新零售与新通路体系的建设。

其实，阿里巴巴也布局了完全不输京东的新通路产业链条，并且对上市或拟上市的实体零售头部资源、B端电商订货平台（阿里巴巴的1688与零售通）、农村市场及实体小店的抢夺等方面展开了激烈的角逐。

比如在京东便利店半数以上的战略布局地——农村市场，阿里巴巴在遍布全国的30000多家村淘店与快速推进的天猫小店之外，2018年4月又通过45亿元战略投资聚焦中国农村市场的供应链服务公司汇通达。后者之前已经整合了全国18个省15000个乡镇的80000多家夫妻店。阿里巴巴与京东等巨头，在新通路产业链条中的零售终端网络这个环节共有三个抓手：

第一，通过投资并购收编高鑫零售、永辉超市等实体零售头部资源；

第二，依托自身的平台流量、技术、数据、物流、品牌与供应链等优势，通过加盟体系整合中、小、微等实体零售资源；

第三，通过自建探索无人店、无人货架等创新业态。

阿里巴巴、京东及整个腾讯系正在由聚焦实体零售头部资源的争夺转向对中、小、微实体零售及农村零售市场的争夺。

接下来完全可以预见的一点是，当大规模跑马圈地的目标走向下半程的时候，圈地的紧迫性和压力感就会减轻，阿里巴巴与京东的重心会放在以下两方面上：

一是强化线下实体零售商及其门店的管理，重点是将它们从还很松散的加盟转变成更紧密的连锁，增加与自身整个新零售大生态的协同与增效（含生态内部的其他整合），以及提高实体零售门店的坪效；

二是向上游深化进击，强化对供应链的优化整合与对优质供应链资源的抢夺。

第三章　影响：新零售带来的五大链式效应

一、零售业在泡沫化中大洗牌

尽管我们在现阶段无法得出未来几年的实体零售门店的开店量、关店量等数据，但种种迹象表明，实体零售门店数量有增长的趋势。

这将会促进零售行业的洗牌，也将成为新零售催生的一大泡沫。

1. 巨头们的疯狂扩张

◇ 阿里巴巴天猫小店 2018 财年打造 1 万家；

◇ 京东 1 万家京东家电专卖店 + 5000 家母婴店 + 100 万家便利店；

◇ 苏宁3年内要开15000家实体店，其中2018年苏宁小店就要开1500家；

◇ 国美未来3年聚焦家电、家居、家装等打造至少1万家门店；

◇ 永辉超市计划新开永辉生活店1000家，超级物种+绿标Bravo店超过230家；

……

尽管其中的京东便利店、天猫小店等的扩张方式主要通过翻牌线下实体店加盟改造而成，但新老巨头们也有完全新开的门店。而加盟的门店中，也存在众多创业者带着满腔热血扑进新零售的情况。

2. 创新者及创新业态的蜂拥而至

苏宁2018年在全国布局5万组无人货架“苏宁小店Biu”，阿里巴巴、京东、顺丰等企业均在发展无人店或无人货架等创新业态。

除了这些巨头外，在无人货架、无人便利店的创新业态领域，从2016年至今至少各有30家以上的企业入局，每一家企业都在左手开店扩张、右手提升坪效、提升经营效益的砥砺中前行。与此同时，一部分入局者也开始走向“死亡”。

3. 跟风者的赶风口

为了赶新零售的风口，以及妄图在零售业景气回升的曙光中捕捉机会，创业者开便利店去了，联想集团进来开店了，海信、澳柯玛等传统家电企业也入局开无人店了——一大波赶新零售风口的人在路上了。

4. 新零售的名利场正在变身泡沫制造机

我坚持一个观点："这个世界既不需要那么多的经销商，也不需要那么多的二批商了，甚至也不需要那么多的终端门店了。"① 在喧嚣的新零售浪潮的今天，种种迹象表明中国市场的零售终端门店与零售货架总数正在出现增长，这种增长甚至还是井喷式的。

那么，一个无可避免的结果就是：新零售正在让中国的零售业泡沫化，且前行、且酝酿着行业进一步的大洗牌。

其中，一个非常浅显的道理就是：**在人口增长有限（年5‰左右）+需求量相对固定且增长量相对稳定（2017年中国社会消费品零售总额36.6万亿元，社会消费品零售总额每年增长10%上下）+线上、线**

---

① 摘自《从趋势到行动：未来十年商业新生态》，中信出版集团，2015

下传统及创新消费渠道多元分化 + 单个实体店有效辐射半径实际上出现扩大化（网络技术及平台、到家配送服务等助力）的情况下，实体店怎么会越需要越多呢？

也就是说，我们对实体店的需求总量是越来越少的，但实际情况是：借着新零售的东风，实体店的数量越来越多。

以便利店为例，截至 2018 年上半年，中国市场的便利店数量已经超过了十万家。其中在 2017 年新增的便利店数量是 1.2 万家左右，这个新增数是 2016 年同期的 4 倍。

这将会产生什么样的后果呢？

僧多肉少，大家都吃不饱？

这会是一个小概率事件！消费品零售份额向大的新零售商进一步集中是必然趋势。只不过它们都是大胃王，吃再多都不嫌饱！

要么被吃掉（兼并与收编），要么被干掉！

这才是绝大多数零售商、零售门店共同面临的处境。毕竟蛋糕在被新零售巨头们割了一刀又一刀后，剩下的不多了，现在还增加了一些对手。

这些要么被吃掉，要么被干掉的零售商，无关旧零售还是新零售——因为摆在零售商们面前的一个非常现实的问题就是：并不是一“新”就一定能活。

换句话讲，在未来的两三年中，我们很可能见到实体零售行业生存状况的加速恶化。

二、推动中国零售业进入高集中度的寡头竞争

据国家统计局的数据，2017 年全年，中国社会消费品零售总额约为 36.63 万亿元。其中，商品零售 32.66 万亿元，总额与商品零售的年增速均为 10.2%——每年 10% 左右的增长已经是过去多年中国社会消费品零售总额与商品零售增速的常态，而 2018 年上半年的中国社会消费品零售总额为 9.4%。结合趋势来看，我认为这很可能成为中国社会消费品零售总额进入个位数增长的拐点。

在这样的大盘子中，那些具备一定规模的实体零售企业又能瓜分到多大的份额呢？

据中国连锁经营协会的数据，在 2017 年，连锁百强企业销售规模为 2.2 万亿元，这个数字仅仅占到社会消费品零售总额的 6% 与商品零售额的 6.74%，这就意味着中国零售行业的市场集中度是偏低的。

如果就零售企业个体而论，作为拥有欧尚和大润发两大零售品牌的、中国最大的综合大卖场运营商高鑫零售，其 2017 年 1023.2 亿元的营业收入在全国商品零售这个大盘子中所占份额也不过 0.3%。

所以，我们有时会见到有关高鑫零售“在2500平方米以上的主要售卖食品、饮料、香烟及其家庭用品的大卖场中，高鑫零售的市占率达到15%（全国此等规模的实体零售整体营业收入规模不过7000亿元）”的介绍——为了突出其市占率和行业地位，前面加了一个又一个定语。

相对高鑫零售侧重于业态类别的定语，帮助苏宁凸显市场地位的定语则是其传统主营的商品品类——家电。

据来自艾瑞咨询机构的数据，苏宁2017年独占家电市场20%的份额（该年，家电市场整体规模为7905亿元），全渠道第一。但是，当我们算上家电之外的周边收入，2017年营业收入规模达到2432亿元的苏宁，放到全国商品零售市场中，其市占份额又能占到多少呢？仅为0.74%！

以上所述，就是中国实体零售业过去许多年的事实。

不过，不受地域及消费辐射半径等限制的线上零售，则完全呈现出另一番景象：寡头垄断的高市场集中度！

以2017年为例，京东全年GMV① 约1.3万亿人民币，在当年6.71万亿元的网上零售总额中，市占份额为19.37%；而就阿里巴巴的天猫和淘宝来讲，前者GMV为21310亿元，后者GMV为26890亿元。两者相

① Gross Merchandise Volume，意指成交总额

加，阿里巴巴在网上零售总额中的占比则高达71.83%，总额为4.8万亿元左右。

如果再将京东与淘宝的网上零售份额加起来，它们就占了超过九成的网上零售份额。

未来，新零售这场由线上零售巨头发起与主导的运动，已经开始将线上零售寡头垄断的高市场集中度带到了线下，包括线上、线下的中国零售市场，正在借由新零售这场“东风”，迈过点状与局部块状竞争的时代，进入高集中度的寡头竞争的新时代。

1. 吸星大法：巨头们增长更快，行业营业收入和利润向巨头型公司进一步集中

通过分析中国零售业上市公司在2017年的财报表现，我们会发现：中国市场的125家上市零售公司，无论是在平均营业收入还是在平均净利润率方面，相较2016年都有了一定程度的增加，其中营业收入均值为161.84亿元，同比提高了3.37%；净利润率则相较2016年同期提高了0.72个百分点。

难道中国零售业真的如某些人所言整体性“回暖”了吗？

当然不是！这不过是少数几家巨头型公司的吸星大法，拉动、提升了中国零售业的整体表现而已。

因为中国零售业上市公司平均营业收入与净利润率的提升，主要得益于阿里巴巴、京东和苏宁三家巨头型企业的贡献——阿里巴巴营业收入增长58%，净利增长44%；京东营业收入增长40.3%，净利增长140%；苏宁营业收入增长26.48%，净利增长498.02%①。

如果将这三家公司从名单中剔除，那么中国零售业上市公司的营业收入均值与净利润率相对2016年就会出现双降：平均营业收入下降5.96%，净利润率下降0.2个百分点。

通过这样的现象，我们能得出什么样的结论呢?

那就是基数更大的零售巨头，或者说新零售的主要主导者，正在通过吸星大法，将中国零售行业的收入及利润更大幅度地向自己的“碗里”集中。

2. 巨头们的投资并购：快速而有效地推动中国零售业走向寡头竞争

目前看来，零售业由低集中度走向高集中度的更确切的说法是：中国市场零售行业正在向阿里巴巴、腾讯与京东靠拢与集中，促使零售业走进属于阿里巴巴、腾讯与京东的寡头竞争时代。

过去几年，尤其是新零售兴起与走红的2016、2017这两年，前述两大阵营一起起大手笔的并购、投资及扩张，正在快速而显著地推动中国零售业寡头竞争时代的到来。

---

① 作者注：苏宁净利中超过九成的部分源自其2017年出售所持阿里巴巴股票及其他投资理财所得

这里以阿里巴巴为例，来看看“快速而显著”到底是什么样景象，如表3－1所示。

表3－1　阿里巴巴及阿里巴巴系在中国商品零售市场的市占率

类别	零售平台/企业	财年	零售规模（单位：亿元，人民币）	市场占有率	
				网上零售总额中的市占率	商品零售总额中的市占率
线上零售平台	天猫（GMV）	2018	21310	31.76%	6.52%
	淘宝（GMV）	2018	26890	40.07%	8.23%
	小计		48200	71.83%	14.75%
线下投资实体零售企业	银泰商业	2016	172.14		0.05%
	苏宁（全渠道）	2017	2432		0.74%
	新华都	2017	69.76		0.02%
	三江购物	2017	37.7		0.01%
	百联集团	2017	471.81		0.14%
	联华超市	2017	252.25		0.08%
	高鑫零售	2017	1023.2		0.30%
	居然之家	2017	608		0.19%
	小计		5066.86		1.53%
	合计		53266.86		16.28%

说明：阿里巴巴2018财年是指2017年4月1日－2018年3月31日，阿里巴巴系其他所投资实体零售企业财年以中国区惯例计算；所计算基数“网上零售总额”指2017年网上零售总额（6.71万亿元），“商品零售总额”指2017年商品零售总额（32.66万亿元）。

（数据综合国家统计局、名单中各企业的财报等）

从表3－1可以看出，阿里巴巴系在整个中国商品零售市场中的市占率已经高达16.28%，除去其线上平台的贡献，阿里巴巴系线下实体零售军团的零售规模总额也已经超过5000亿人民币，在商品零售额的市占率达到了1.53%。

这是什么样的概念呢？如果对照前面相应内容所讲，零售业连锁百强2017年销售规模不过2.2万亿元，在中国商品零售额中的占比不过6.74%，我们就会发现阿里巴巴及阿里巴巴系在中国零售市场的“恢宏”了！

3. 纵向渗透横向扩张：B端供销＋多行业渗透，让零售寡头们的“里子”成色更足

对阿里巴巴、腾讯与京东而言，它们就算全部投资、并购了中国零售业上市公司等优质、头部的零售业资源，中国市场也难以进入由少数几家企业主导的寡头竞争的新时代。

即便它们将中国125家零售行业上市公司悉数收入囊中，也仅仅是增加了6.74%的市占份额。

正因为如此，雄心勃勃的阿里巴巴、京东等巨头们，在追求自身零售平台继续高增长与直接或间接投资、并购零售业优质头部资源的同时，如图3－1所示，通过发力B2B订货服务平台等覆盖中小实体零售；通过向服饰、医药保健品、建材家居、化妆品等重点行业

的零售领域渗透等，多管齐下，力求成为中国零售市场的主导者。

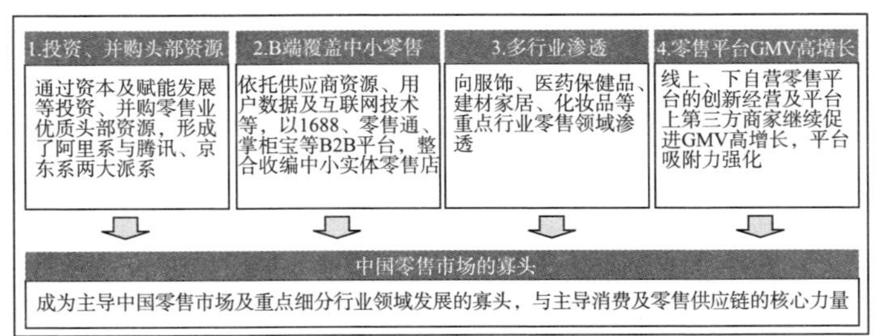

图 3－1　中国零售业走向寡头竞争时代的路线图

这里重点讲讲对中小实体零售的整合收编。对阿里巴巴与京东而言，它们都发布了自己的“100 万家店”计划，即阿里巴巴通过零售通、京东通过掌柜宝等 B 端平台项目，各自建设与发展 100 万家零售小店（根据阿里巴巴零售通与京东新通路事业部高管在 2018 年春季糖酒会期间宣称，截至 2017 年年底，阿里巴巴零售通已经完成覆盖超 100 万家社区小店，京东掌柜宝服务用户数也已经超过了 50 万）。

尽管农村市场与城市市场的小店坪效，十几平方米的小店与两三百平方米的店的单店产出会存在很大的差异，但是前述两者的 100 万家小店计划都最终达成，即便以单店营业收入均值 50 万元/年计算，以及再加上 30% 营业收入比例的货品由阿里巴巴与京东供货、配送，这里就有 3000 亿元的零售规模出自阿里巴巴与京东平台。

但是，此等规模远非阿里巴巴与京东的最终追求。

4. 寡头主导的未来：10 年后，阿里巴巴 20 万亿元，京东超过 8 万亿元

根据我的预判，在未来的 5～10 年，中国零售市场很可能出现阿里巴巴系占据社会商品零售额 25% 左右份额、腾讯与京东占据 10% 以上份额的双寡头竞争局面。前提是它们能在未来的 10 年中，拥有 15%～20% 的年均增长率（这个增长率数字是中国社会商品零售额的两倍左右）。

请注意，这里用的是社会商品零售额。如果以 2017 年的 32.66 万亿元为基数，再假设辅以未来 10 年每年依然保持 10% 左右的增速，10 年后中国市场的社会商品零售总额将超过 80 万亿元，阿里巴巴系份额 25% 就是 20 万亿元（根据阿里巴巴 CEO 张勇在 2018 年杭州·云栖大会上公布的最新目标，2020 年以前，阿里巴巴的 GMV 将达到 1 万亿美元，也就是超过 6 万亿人民币，增长率达到或超过 25%），腾讯与京东系占 10% 以上就是超过 8 万亿元。

这是两个有些让人震惊甚至是“恐怖”的数字。如果阿里巴巴与京东分别达成以上的 GMV 数字，它们毫无疑问地已经成为实力雄厚的“经济体”。以阿里巴

巴为例，它的交易总量到那时很可能超过了日本、英国、德国等发达国家的 GDP（Gross Domestic Product，意指国内生产总值）总量。

这样的经济体及其所对应的市场地位，又将对我们产生什么样的影响呢？

三、推动供应商转型：未来只有 5 种厂家

“阿里巴巴必定走向垄断，先用电商搞死实体店，再自己开实体店，现在又故伎重施，想搞死经销商。厂家没了经销商，将失去自主权，坐等被阿里巴巴盘剥。”这是一位网友在我的一篇关于新零售的文章下的留言。

姑且不论这种类似“实体店不行了，经销商日子难过了，厂家的未来堪忧了……都是因为阿里巴巴（或者都是因为以阿里巴巴为首的电商企业）”的论调的对错，期间所透露出来的对经销商及厂家未来前途的担忧，在我看来是非常有必要进行展望和讨论的。

基于阿里巴巴、京东等新零售巨头们的进击、布局事实，以及对新零售的发展趋势判断而言，相对过去，新零售大潮中的厂家及品牌运营商们，确实正在更多地丧失自身生存与发展的“主权”。

1. 支撑厂家们收入“大厦”的支柱被人一根根地抽走了

厂家及品牌运营商们的销售收入都是依靠一个个渠道完成的。

在电商崛起之前，厂家及品牌运营商们的销售收入主要是依靠线下直营渠道，以及通过线下分销渠道借助一家家经销商去完成的。

阿里巴巴、京东等电商平台出现之后，线上渠道逐渐受到重视，对长期耕耘线下渠道的上游传统厂商而言，5%、10%、15%、20%甚至30%以上的销售收入，开始由线上渠道逐步贡献与分担。

在这个过程中，厂家及品牌运营商们曾短暂享受到渠道多元化带来的“喜悦”——在线下渠道时代，许多上游供应商过于依赖沃尔玛、家乐福、大润发等超级终端完成销售目标，而超级终端往往会滥用自身的优势地位，通过费用和账期等“盘剥”供应商，而渠道多元化有利于降低对个别终端渠道的依赖，从而起到制衡作用。

当新零售时代到来以后，厂家及品牌运营商们的销售渠道开始崩溃，开始史无前例地瓦解与重组，支撑其实现销售目标及收入的渠道大厦的支柱变得愈发“脆弱”。

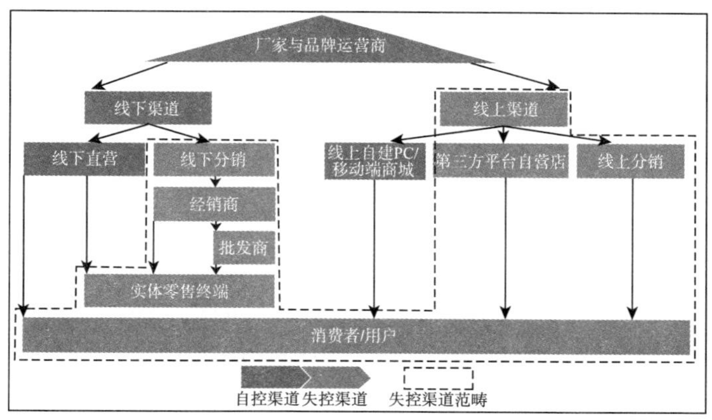

图 3 – 2　厂家/品牌运营商渠道结构趋势图

如图 3 – 2 所示，在厂家与品牌运营商支撑自身销售及收入的渠道大厦中，消费者日益被阿里巴巴、京东等巨头所控制。这些巨头们通过融合线上、线下的新零售运动及其收编、整合等具体措施，将自己的用户由侧重线上消费的群体与线上、线下全渠道消费的群体，扩展到了线下消费的群体。

以前，独立于阿里巴巴、京东等线上平台的线下的实体零售企业们，头部企业一家家地被巨头们投资并购，没有被并购的中小实体零售个体也纷纷站队，而街头和社区的夫妻店也纷纷选择加入京东便利店、天猫小店等。一旦前述两大巨头的百万家（便利）店计划成型，对中国的快消品行业来讲，至少有超过 1/3 的零售终端将会受控于阿里巴巴与京东。

再往上游走，传统的经销商及批发商群体正在受到类似阿里巴巴零售通、京东掌柜宝等 B 端电商平台的巨大冲击，而这些平台所“讳莫如深”的一点正是：要干掉这些中间商群体。

在巨大的生存与发展压力之下，一些经销商与批发商也开始选择站队及加盟阿里巴巴与京东的体系，如经销商贡献自身的仓配资源作为京东新通路事业部的联合仓和配送网络。

也就是说，厂家与品牌运营商们的线下传统经销商及批发商群体与网络不仅开始变弱，甚至开始“瓦解”，并开始更多地被阿里巴巴与京东等控制。

就线上渠道来讲，其本身就更多的是阿里巴巴、腾讯、京东等巨头的平台。

显然新零售巨头们正在重构出受控力度更大、受控的深度与广度更深、更广之新渠道领导者的秩序与体系。暴力最强者胜！现在回过头再看，我们就不难理解厂家越来越没有了自主权和坐等被盘剥的担忧了。

但是，这也势必会影响、刺激厂家与品牌运营商在新零售时代或主动，或被动的因趋势而变。

2. 未来的五种厂家

尽管上游的厂家与品牌运营商们，在新零售时代所受到的直接冲击远没实体零售和经销商们那么大，但是目前所发生的一切及背后可能产生的影响，也足以触动到部分有识者的敏感神经，并焦灼于不确定性的未来。

综合前述相应的分析，在我的预判中，厂家与品牌运营商们的未来有一些方面还是可以预见和确定的。其中，关于大家如何在持续进化的新零售时代自处，背后则很可能意味着未来将主要存在五种厂家与品牌运营商类型。

其一，直接掌握和经营消费者、用户的。

我曾预判未来是商业“根”的时代，未来是属于那些能把“根”留住并经营和管理好“根”的企业，未来那些有能力重组“根”的企业将会获得更容易打破市场格局突围而出的机会。

这里的“根”指的就是消费者、用户。

阿里巴巴、腾讯、京东等新零售巨头为什么会成为新零售时代的主宰，而不是其他企业，其中一个核心原因就是：因为它们采集、汇合、管理与经营着庞大的消费者、用户资源及数据。

而现今时代，厂家与品牌运营商已经有条件跨过过去横亘在自己与消费者、用户面前的一座座“大山”——经销商、终端商通过电商、社交媒体等平台，以及通过二维码、小程序、会员系统等技术，直接采集、管理自身最末端的消费者与用户资源及数据，一旦自己掌握了这些资源及数据，大家就能直接针对消费者、用户开展经营和服务。

换句话讲，一旦厂家与品牌运营商自身掌握与经营的消费者、用户资源及数据达到一定的规模，这部分厂家与品牌运营商就有能力实施去经销商化、去终端化及去新零售影响，从而直接和最末端的消费者发生交易行为——因为消费者们已经跨过屏障，从最末端变成了厂家与品牌运营商们最前端的“零距离”面对对象。

与此对应，**新零售将催发与加速一部分厂家，去积极构建与实施向直接掌握、管理、经营与服务消费者、用户的转型。**

其二，有品牌，能获得“点击”购买的。

近几年，从线上电商涌现出的新的“淘品牌”（原指从淘宝商城冒出来的网络原创品牌，现泛指原生线上的品牌）为什么越来越少？在多数商品类目中，为什么那些在线下由来已久的、具备广泛知名度和影响力的品牌牢牢保持着交易前列的位置？

一个显而易见的道理是，品牌的强弱与大小，依然在消费决策中起着异乎寻常的作用。

新时代下、新零售浪潮中，却出现了两个对品牌不利的消息：一是“95后”“00后”等新世代的消费者中，出现了越来越多去品牌中心化的迹象——不在乎品牌有多大或多小的个性化消费需求（背后具有抗品牌脸谱化、格式化、老化的一些因素）；二是新零售商们的去品牌化——从线上零售到线上、线下融合，从C端到B端，新零售商们下至五洋捉鳖、上至九天揽月，逐渐构筑起了适应新零售、新通路的上下游产业链条，能够利用自身掌控线上零售与线下实体零售的优势地位，利用更多、更好的资源，向实体零售与消费者们着力推荐更多对大众而言陌生的自有品牌，以及其他非自有的高毛利“品牌”（其实，这个“品牌”还只是一个商品名称或图案而已，在知名度、美誉度、专业度等方面甚至毫无品牌力可言）。

不过，消费者们的个性化消费品牌需求与新零售们的去品牌化，并不意味着大家就不需要品牌了，而是意味着传统品牌需要适应新时代的重塑，也恰恰意味着具有强大号召力与消费市场影响力之品牌可“傲然独立”的价值。

事实上，知名消费品品牌是广大实体零售终端有销量、有利润、能拉人进店与带货销售的“硬通货”，并带有不可或缺的价值。比如一家实体店卖碳酸饮料就不能少了可口可乐与百事可乐，卖功能饮料就不能少了红牛、脉动，卖凉茶就不能少了加多宝、王老吉，卖方便面就不能少了统一、康师傅。

上游的供应端的企业们，无论最终是否与新零售商及其新零售商所控制的零售门店合作，但凡具有强大的品牌号召力，就有了被消费者们高频率点击消费的概率。

因此，供应商端的厂家与品牌运营商们，专注营销链条上的高附加值环节——提升消费者营销能力，加码直面消费者的品牌塑造与推广力度，提升自身的品牌影响力与号召力，是自身屹立于未来新常态的重要法宝。

其三，代工寄生的。

自有品牌一直都在零售商们强化供应链管理效率的体系中承担着重要的作用，可以说它既能提升经营利润，还能通过比竞品更便宜的价格吸引人气（不仅是规模定制下的采购成本降低，还省却了上游供应端企业在销售、渠道及推广等方面的巨额成本）。对各个品类、业态的零售商而言，自有品牌这套体系早就被大家广泛应用，而且非常成熟。比如在沃尔玛、大润发自有品牌占比 20%，对屈臣氏而言自有品牌更是超过了 30%。

对上游厂家与品牌运营商这些供应商来讲，如果说在过去的零售时代，零售商们的自有品牌不过是挤压了自己占有更好的陈列位置、更大的陈列排面，以及通过低价竞争的手段抢占了部分市场份额的“场内竞品”而已——因为各家零售商的自有品牌，更多地局限在零售商自身的卖场系统内销售。

那么，在新零售时代，广大供应商们就需要对新零售商们的自有品牌万分小心与警惕了，因为接下来的不同之处就是：零售商自有品牌必将从场内销售走向场外销售，许多弱势品牌及其中、小、微厂家与品牌运营商难免因此陷入绝境。

2018 年 8 月，京东集体亮相了八享时、初然之爱、京觅、hommy、佳佰、京选、InteRight、LATIT 等自有品牌，这些自有品牌覆盖了食品、母婴、家居、数码、办公、服饰、箱包、生鲜八大品类。其中，初然之爱（母婴品牌）等品类品牌已经从最初的线上销售发展到线下渠道，开始进入京东 7FRESH 等自有线下实体渠道，以及自己整合、收编的“百万家”便利店渠道。

也就是说，类似京东、阿里巴巴这样的新零售商，它们的自有品牌将不再局限在自己的线上平台或线下自建门店销售，还将流向自己投资并购的大润发、永辉超市、步步高等主流实体零售企业，流向各自整编的庞大的便利店、小超市及夫妻店。

这时候的新零售商们的自有品牌突破了传统的场内销售走向场外销售，因为掌握了源自线上与线下终端及消费者的“大数据”，在产品力上有可能具备了更好的针对性与竞争力；因为有了京东、阿里巴巴等各自平台品牌的“强大”背书，就全国市场这盘棋来讲，相较传统零售商的自有品牌及许多偏居一隅的中小品牌，甚至更具品牌影响力；因为进价低、利润高，更可能受到实体零售门店的主动推荐；因为新零售商们必会利用自身零售平台商、渠道盟主、自控地勤（地勤人员承担分销、陈列、助销、促销执行等职责）等优势，在货架、陈列、推荐等方面也将享受到更多的资源，无论小品牌还是大品牌都会面临事实上的压力。

这时候的京东、阿里巴巴，事实上也已经形成了零售商 + 代理商 + 供应链服务商 + 品牌运营商 + 平台商等多重身份，就差自己建厂搞生产了。

那谁搞生产呢？无需多言，它们自然来自供应商端的厂家。

综上所述，新零售时代的代工品牌、代工产品、代工生产的数量规模，必然出现大幅度增长的趋势，相对旧零售时代的代工厂家性质及数量，这次将会有更大规模、更高规格的厂家，最终沦为新零售商们的代工厂。

对于那些缺乏消费者营销能力、没有品牌塑造投入、缺乏营销团队投入的企业来讲，夯实与发挥自身研发及制造优势，主动拥抱这个趋势做代工寄生，亦是面对未来的一个出路。

但是，在生产能力的扩大投入上一定要慎之又慎，因为富裕的生产能力，在我看来，迟早会因为创新商业技术的类“无人化”智慧工厂、创新商业模式的“共享工厂”及其“共享工厂平台”（在线上平台下代工单，代工厂比拼价格、质量、速度及服务的“绞肉场”）等，变得更为富裕甚至是多余。

其四，转市场及营销服务的。

这将成为新零售时代，供应商端的厂家与品牌运营商们的另一个选择。

一个个长期扎根生产和销售的企业，转型成为一个提供市场和营销服务的公司？或许有人会觉得奇怪，但我们继续探讨下去，大家就会释然了。

我们知道对一个厂家来讲，因为企业规模、资金实力及销售模式等方面的差异，销售人员少的有几个人、十几个人，一旦销售规模达到一定量级，自身的销售人员就可能有 3000 人、5000 人，乃至上万人（如年销售额 200 亿元、旗下拥有七度空间、心相印、安尔乐等品牌的福建恒安集团，全国销售人员数量一度高达 15000 人）。如果再加上厂家们要求经销商配置的业务员、促销人员，整体销售人员的数量实际上更为庞大。

无论销售人员数量的多寡，事实上每一个厂家都在为如何提高自身及经销商的人效而头疼，一直都在通过各种各样的办法去努力提高人均产出。

与此同时，新零售时代，消费端和供应链端都发生了深刻的变革。

消费端，“全中国”的消费者都在阿里巴巴、腾讯、京东等的平台上“挂了号”，都成了它们流量“蓄水池”中的一分子，而新零售商们通过线上、线下的新零售运动融合、通过消费金融及信用消费等各种手段，妄图争取到消费者们线上、线下的所有消费。

供应链端，新零售们通过投资并购、赋能整合等方式，把国内一家又一家主流的连锁商超、数以百万级的零售小店，以及为数众多的经销商收编进自己的队伍，并通过流量、技术、大数据，乃至与广大厂家业务员职能类同的“地勤”等，为厂家及终端商等提供分销、助销、促销等服务。

依照目前的势头发展下去，即便是大快消行业，未来都可能有1/3甚至是更高的销售份额是由阿里巴巴、京东等平台贡献的。换句话讲，如果一家快消品企业的年销售额100亿元，在现在就是由上千号（甚至近万人）业务员，一两千家散布在全国各区域市场的经销商完成的，而在未来至少就有超过33亿元的销售额被一两家新零售平台所占据。

这些都意味着什么呢？

这些就意味着厂家越来越不需要如今这么庞大的业务员、促销员队伍。可是康师傅、统一、可口可乐、百事可乐、娃哈哈、农夫山泉、立白、恒安集团等企业，就真的能放心大胆地裁减销售系统人员，就真的能放心大胆地将自己的未来托付给同时面对成千上万个企业及其品牌、同时面对数万及数十万个产品的阿里巴巴和京东们吗？何况这些新零售商还个个都将成为推出与经营自有品牌的“狂魔”！

可以肯定的是，这并非所有厂家与品牌运营商都认同、都坚持、都敢这么做的选项。所以，在新零售时代，那些有能力坚持自己掌握自己命运的上游供应商，依然会保持一支足够规模的业务员与促销员队伍，依然干着路线访销、分销、陈列、助销、促销、价格管理、理补货等基础市场面及销售面的工作。

只不过方向是：**厂家与品牌运营商可能向市场及营销服务型公司转型，通过类似共享招商人员、共享业务员、共享促销员、共享仓储、共享配送车辆等泛“共享”方式，将营销团队及相应资源盘活，成为一家以服务佣金收益存活与发展的公司。**

更严格意义上的产销分离，成立第三方营销公司向第三方企业开放市场及营销服务。

成立第三方营销公司（包含整合其原有经销商体

系）是为了淡化自身之前的主体身份属性，规避非竞争或竞争性的第三方企业即客户产生“你肯定主要做自己品牌及产品的事”的负面认知，从而方便吸纳更多的其他厂家与品牌运营商，将它们的品牌及产品的招商、分销、陈列、助销、促销等工作交给自己运作。

与新零售平台商合作。

供应商要提升人效、控制成本，阿里巴巴、京东等新零售平台商同样要提升人效、控制成本。换句话讲，在全国市场内维持一支数量庞大的地勤队伍，并不是阿里巴巴、京东等新零售巨头的初衷，同样也不是它们所希望的（况且这也并非它们的核心竞争力与核心盈利环节），而将地勤等职能通过社会化分包解决是一个必要的选项。

在这种情况下，转型市场及营销服务的厂家与品牌运营商，就可以以区域、品类甚至是渠道类型为单位，分包阿里巴巴、京东的这些事务，从而实现既能重点做好自己的品牌及产品的市场面与销售面工作，又能通过分包其他品牌及产品的市场面与销售面服务，实现营销团队及相应资源配置的效益最大化。

在这些过程中，转型市场及营销服务的供应商端企业，就需要培育和提升自身服务消费者、零售商及第三方企业的能力。

其五，其他。

尽管在新零售浪潮中，供应端的厂家与品牌运营商们，也不得不面临新的常态，遭遇新的转型。

但在这个过程中，难免存在大量只把新零售商当大经销商，并企图维持原状的；也有不愿放弃自身苦心建设与经营的渠道网络，抱残守缺不甘心的。

不论何种情况，新零售事实上已经将广大的厂家与品牌运营商们加速推向了一个新的，充满了更多不确定性的时代，大家都要应趋势而变。

四、推动新制造革命：消费即制造，更匹配的消费供应链

以前，大家对电商巨头们对“实体经济”（本处之所以打引号，是因为在我的观点中，电商亦是实体经济的一部分）所带来的冲击的认识，大都局限在实体店环节——尽管电商也对上游供应链带来了营销渠道多元化和市场价格秩序愈发难管控的诸多影响。

在这个过程中，很多人甚至因此认为“‘马云’搞死了实体店”，而供应链条上的经销商和更上游的厂家们则更多的是隔岸观火，看着热闹、静观其变。

当新零售时代的巨头们由C端发力到B端，由消费者、零售商发力到经销商等中上游通路端的时候，经销商们才意识到“他们不但要搞死实体店，还要搞死经销商”，大家开始彷徨、焦灼，感受到了切肤之痛。而接下来，由隔山观虎斗加入到失落的大部队中，正如前面所讲，将会有厂家这个广大的群体（当然，其中的部分厂家同样也迎来了崭新的发展机会）。

可以说，看热闹的已经变成了局中人！为什么这样说呢？前面已经讲过的内容不再赘述，本处重点讲新零售将如何推动“新制造”的发展，以及因此可能产生的影响。

1. 新零售将新制造的水烧烫了

这里，我们有必要先来理解一下到底什么是新制造。

新制造的概念是阿里巴巴创始人马云在2016年云栖大会①上提出来的。在这次大会上，马云还提出了阿里巴巴集团的“五新”战略，除了新制造外，还包括新零售、新技术、新金融、新能源。正是这次大会之后，中国商业史上掀起了轰轰烈烈的新零售浪潮。

在2018年8月的首届中国国际智能产业博览会上，

① 以会议永久落户地址——杭州西湖区“云栖小镇”命名，前身为地方网站峰会、阿里巴巴云开发者大会

马云在《智慧引领未来》的主题演讲中提及新零售之后就是新制造，并对新制造进行了更为清晰的界定——新制造是制造业和服务业的完美结合，是实体经济和虚拟经济的完美结合。其中，智能技术是新制造的关键技术，数据是新制造的关键要素。

以新制造中所孕育的商业机会，以马云及阿里巴巴在经济领域及商业世界今日今时的地位，这番言论又将对新制造的进化产生什么样的影响？

不说阿里巴巴在新制造领域可能的对手们，事实上阿里巴巴已经开始了新制造的实践。

阿里巴巴新制造项目，目前（截至 2018 年 9 月）已经在服装加工领域率先落地——阿里巴巴淘工厂（之前定位是连接淘宝卖家与工厂的平台，聚合覆盖消费品行业类目的工厂，解决“淘品牌”及淘宝卖家找厂代工难题）携手阿里巴巴云 IoT 团队①开展“数字化”工厂项目。

这个项目所解决的几个重点问题。

其一，工厂的数字化和线上化。

以硬件设备，比如利用摄像头，从端、边、云三方

① IoT 英文全称 Internet Of Things，意为物联网

面实时监控和记录工厂员工制作进展，改造后的每家工厂将每天超过 1 亿次的扫描变成可量化数据上云，让工厂关键的生产数据全部自动在线化，经云端以特定模型进行大数据分析之后再反馈给工厂完成数据循环，从而在线上打造出一个数字孪生工厂（与此同时，阿里巴巴的平台也建立起了对于这些工厂的工厂画像，有利于加工推荐和订单匹配）。

这相当于在原有交易端的数据打通之后，阿里巴巴又开始去打通制造端的数据。如果两端的数据打通相连，最终会形成从消费端到制造端的完整的、更高效的生意链条（或者是消费供应链链条）。现在大家试想一下，如果这一链条真的打通了，我们的商业及生意将会发生什么样的改变？

其二，工厂的智能化和管理的移动终端化，让每个环节实现透明可控的管理。

客户们在网上向工厂下单后，系统（阿里巴巴的钉钉订单协同工具）会自动将工厂和买家匹配成组，由订单协同虚拟机器人在线进行生产计划管理，自动跟踪生产计划。客户可以通过手机实时查看订单进展。如果订单某个环节有延后，会立马生成警报给淘工厂跟单专家，由跟单专家协调处理，纠正订单，保证交期正常。

其三，更完美的产销协同。

消费零售端是阿里巴巴一直以来的优势，消费零售端一通，企业渠道、营销甚至是产业链条上原本“卡顿”的环节都可能因此一通百通，可以说阿里巴巴消费零售端这个优势正是所有行业的企业发展的“牛鼻子”。

阿里巴巴凭借自己牵住了“牛鼻子”，就能更有效地向上游产业链、上游供应链做深度追溯。比如在阿里巴巴新制造起步伊始的“数字化”工厂这个项目中，它就可以通过零售大数据与智能分析技术，帮助工厂进行有关市场行情及销售的预测，帮助工厂优化定价的合理性与竞争力。通过零售大数据与工厂数据的结合，阿里巴巴就能将合适的订单分给合适的工厂，而期间所对应的可以包括物流时间及费用成本、加工能力、质量等级、供货时间、加工价格等一系列的匹配条件。

可是阿里巴巴这个落子新制造的“数字化工厂”项目，和我们在这里所讲的“新零售将新制造的水烧烫了”又存在什么样的直接关系呢？

其一，新零售有效地打通了消费零售端与流通通路端的数据，从而让数据驱动制造成为现实。

在消费品厂家与品牌运营商这个制造端，一直存在几大顽疾：

一是设想（甚至是梦想）与跟随主义驱动制造——在企业刚刚建立的初期推出产品的时候，在后来推出某个新产品的时候，我们通常是根据自身的商业嗅觉和自我对市场机会的判断，或者是参考行业对手某个产品推出市场的“火爆”效果，来决定是否“上马”对某个产品的生产。期间尽管也有一定的数据参考，但样本量往往极少，更多的则是偏向感性的经验主义和亦步亦趋的跟随主义。

二是经销商等流通通路层面与零售商的终端销售层面驱动制造——是经销商与终端商的进、销、存数据，是订单。在决定制造端的厂家是否生产与生产多少某品牌、某系列、某个 SKU 的产品，而在这个过程中，鉴于零售商最后一两个批次的仓库及货架库存消化完毕需要一定的时间，经销商向厂家的要货计划可能与实际情况存在偏差；鉴于厂家与品牌运营商们在渠道及消费者促销等方面的活动投入诱惑，经销商环节的订单也并不能全部真实地反映出终端市场的销售情况；鉴于市场热点与消费趋势的变化，来自经销商与终端商的某批次订单同样也不能适时而真实地反映出消费市场的情况，也并不能给企业带来该批次货品就销售流转快的保障。

以上两大问题，在“新零售+新制造”的时代将会得到更有效地解决。

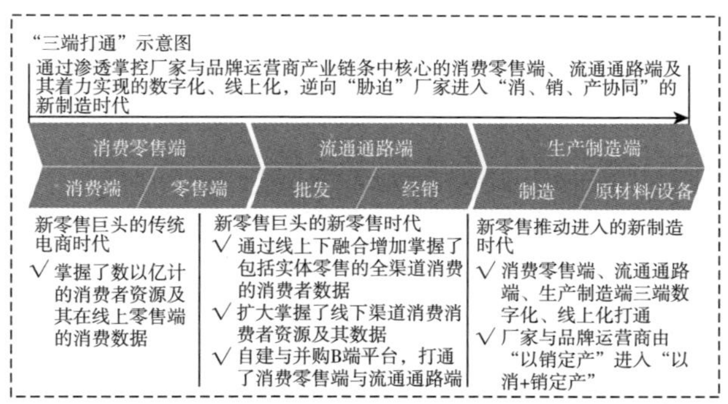

图3－3　“三端打通”示意图

结合图3－3，我们知道在新零售巨头们的纯电商时代，它们的平台主要掌握了数以亿计消费者的在消费端及网购零售端的数据。而进入新零售时代以来，随着新零售巨头们对线下实体商业的投资并购与整合，随着阿里巴巴通过发力零售通、京东通过发力掌柜宝等B端电商的努力，以及通过从新零售到新通路的各种布局，它们又更多地掌握了经销、批发层面的数据，从而让厂家与品牌运营商之下的流通通路端、零售端及消费端的数据进入了一个链条式打通的全新阶段。

消费端数据牵引零售端零售，消费零售端的数据牵引流通通路端的销售，消费零售端与流通通路端的数据合力牵引、指导与重构制造端的制造。

正是因为有了这样的基础，才在许多企业还没弄明白新零售的时候，就让制造业由“以销定产（此处的‘销’指的流通通路及零售渠道的销售情况）”的旧制造进入“以消＋销定产（此处的‘消’指的消费者的消费需求和消费释放）”新制造的嬗变成为可能。

其二，“三端打通”的前提就是所有环节的数字化和线上化。

经过多年的努力与最近两年在新零售上的努力，消费端与零售端的数据已经实现了巨量的相通，消费零售端的数据与流通通路端的数据也已经实现了一定量级的相通，从而让新零售巨头们有了建立一条以消费端为原点而非像过去一样以零售端为原点的消费供应链的基础。

显然，这条消费供应链并不完整，因为它无论如何都是抛不开制造端这个环节的。

也就是说，新零售巨头们要想建立一条完整的消费供应链，就必须实现消费零售端、流通通路端与制造端的三方打通，而打通的一个基本前提就是将还没有实现数字化、线上化的制造业进行数字化和线上化的改造。

这亦是阿里巴巴这个商业帝国率先在服装领域实施“数字化工厂”项目的一大重要原因。

其三，新零售的持续进化，需要更匹配的制造业。

我们在前面讨论过，新零售的未来是新通路、新消费，而当新零售商们由消费端向零售端、再向中间的流通通路端一路上溯的时候，就会发现只有“消（消费方）销（销售方）协同”不行，而且没有上游的厂家与品牌运营商协同，销售方受制于货品的定型及制造端在前述链条上的脱节，也难以做到完全的“消销协同”。

因此，新零售巨头们还需要“消产协同”，即制造端与消费端的协同。无论是小批量的还是个性化的，厂家与品牌运营商们既需要知道消费者们想要什么，又能根据这些需求生产与提供对应的产品及服务；还需要“消销产协同”——当能实现消费零售端、流通通路端与制造端三方协同的时候，买的、卖的、生产的整个链条才能高效和顺畅。

当然，阿里巴巴等巨头们，它们的目的并非仅仅是为了打通“三端”，实现“消产协同”与“消销产协同”，其背后还潜藏着更大的商业规划，那就是在控制消费零售端、流通通路端之后，再实现对生产制造端的控制，从而达成自身实现对从零售到制造（包含其背后的原材料与设备供应端）这整条消费供应链、各相关行业产业链的控制与主导。

如果再辅以支付、消费金融、到家配送等关联的消费服务，那么我们就会发现：几乎未来的整个商业世界都是他们的！

2. 新制造将会带来什么样的革命

在 2011 年，我们曾为一家世界级的机床制造企业提供咨询服务，其中就涉及与“中国制造 2025”（中国政府实施制造强国战略第一个十年的行动纲领），或者是与“新制造”概念相关的一个产品的服务。

之所以说与新制造相关，是因为这个产品是一款智能机床，相对传统的机床产品，它可以根据设计图纸自动匹配编程。比如以加工汽车零配件或者是手机模具、手机壳、电脑配件等为例，以前的加工方式是需要先画设计图，再编程、输入机床，需要经过一系列复杂的程序，而且每个环节都需要不同的专业技术人员进行操作。有了这台机床，就只需要把设计图用 U 盘插入机床，编程、输入全部自动完成。

除此之外，它还可以通过三维图像预演加工并模拟校验，还可以就主轴转速、刀具进给等完全实现手机查看，还可以通过联网实现远程监控与智能诊断，通过后台适时得知分布在全国任意一台机床的开工时间与开工时长、加工类型及加工量等。

正是得益于互联网与相应技术日新月异的进步，智能机床产品就可以设计与实现崭新的商业模式。比如主要机床客户能够扩大化到非专业厂家的创业人士，并且能够通过租赁、合伙而非售卖的方式，在全国各地设立分布式的共享智能加工中心，再通过直接连接厂家（智能加工中心）和手机壳等商贩，乃至最末端消费者个体的线上平台汇聚与分配订单，从而在批量加工订单之外再实现小批量、个性化的订单需求的工业化定制。而这家机床企业，则可以通过按小时或者按加工量的方式向客户或者合伙人收取费用，费用结算的依据就是机床联网运转所传输回来的数据。

这是创新技术在机床行业的应用。如果类似前面所讲阿里巴巴“数字化工厂”项目的相应商业技术再加上此处所言的这般日益进化的技术，从机床加工行业、服装服饰行业再延伸到箱包行业、化妆品行业、食品饮料行业……那么，传统的制造业及消费品领域的厂家们，其生意逻辑、商业模式、订单获取与生产力激发方式等方面，都将发生近乎翻天覆地般的重构，从而带来明显的革命性效应。

其一，逆转制造链。

在过去的几十年中，一直都是这样的：厂家造什么，渠道商就卖什么，用户或者消费者就买什么。后来随着零售及中间渠道商的逐渐强势，又增加了另外一条主线，那就是我卖什么、进厂家什么货，厂家就造什么，消费者与用户就买什么。

在“新零售 + 新制造”的时代，上面的这两条制造链的主线都将面临被逆转的局面。

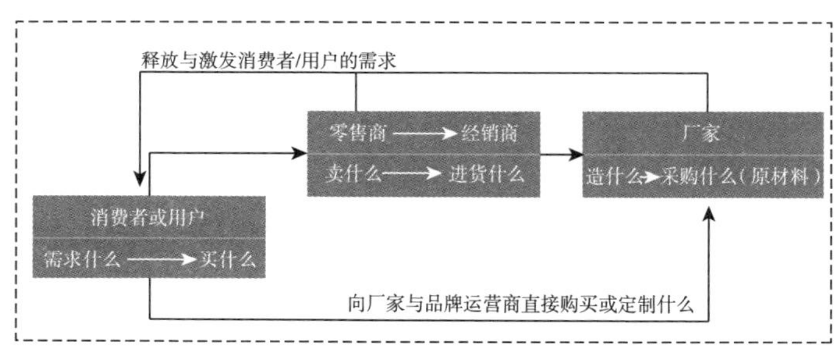

图 3 –4　制造链逆转趋势图

如图 3 –4 所示，过去的两条制造链主线将会逆转成以下两条新的主线：

一是消费者或用户需要什么、买什么，渠道商就卖什么、进什么货，厂家就生产什么。传统意义的制造链运转方式因此发生了彻底性的扭转，这意味着我们即将从过去更偏向于口号意义的“以消费者为中心”走向实际意义上的消费者或用户资源及其消费数据驱动制造的新时代。

二是消费者或用户需要什么，就直接向厂家与品牌运营商购买什么，或者是直接定制什么。这既意味着直接连接消费者或用户与厂家与品牌运营商的去中间化时代及其新互联网平台物种的到来，也意味着制造业开始大面积进入小规模订单的工业化定制时代。

在以上新的主线时代，传统制造链被逆转成了消费主导的消费制造链条。无论是零售商还是厂家与品牌运营商需要做的是想方设法去释放、激发及满足消费者或用户们的需求。

但是，对于绝大多数的制造企业来讲，凭借自身的渠道和能力根本就不足以掌握到多数消费者或用户资源及其数据（对这些企业来讲，甚至压根都不知道具体是谁在买自己的产品），根本就获取不到足够数量批次的订单。也就是说，根本就实现不了、根本就做不到真正意义上的以消费者或用户资源及其数据驱动的制造与经营。

仅仅凭借这一点，这些企业就更容易在对手面前败下阵来。那些通过自身努力能够掌握到自身主力消费者或用户资源及其数据的，那些通过“站队”阿里巴巴，或者是另外某个大的平台而获得，或者是能用到前述资源、数据和订单的厂家们。

可是身处制造界的厂家们，会在自己错失互联网传播、错失电商等一次又一次大好时机之后，再让自己错失制造链逆转的新时代吗？

如果对大多数厂家而言答案是否定的，那么接下来的新制造及与此有关的商业项目，就有了更容易、更快成为经济及商业热点的机会。

其二，新制造推动产业互联网与消费互联网相结合的新“网红”近了。

在淘宝、京东等消费互联网崛起之后，就有人认为产业互联网的风口已经来到，结果没来；在几年前，又曾经有一波人认为产业互联网的风口已经来到，结果没来；新制造鼓噪之下，又有一波人认为产业互联网的风口来到，那么，这一次呢？

根据我的预判，产业互联网的风口还是不会来。因为在许多人的通常定义下，产业互联网就是专注于一个或几个产业领域，并重在产业链上下游各环节纵深打通的产业经济创新形态。

但遗憾的是，除了极个别偏向于服务、偏向于原本就主要是闭环生态的，但在商业模式可塑空间上又极大的产行业之外（比如水、电、煤或燃气产业，教育及医疗产业等），产业互联网在未来依然难以看到崛起的希望。

主要是什么样的悲观因素在发生作用呢？

一是做不到从后往前倒逼，就做不到产业链上下游的有效打通。

如果不能做到产业链上下游的全线贯通，仅仅只能在产业链的某个或者是少数的几个环节上做文章，那么我们用“行业”来代替这里所谓的“产业”就会更准确。但是过去二十年的中国互联网经济史已经告诉了我们，行业互联网是落后的生产力，是没有前途的。

如果要想真正做到产业链上下游的有效打通，并通过这种打通，以去中间化运动、以高效的产销协同等方式，去展现出提升产业链核心环节运营效率的明显价值，从而让产业链条上各个环节中的制造企业、中间商、最终的消费者或用户都快速而海量地参与进来，最有效的方式并不是从原材料商、制造商、中间渠道商往产业链的下游及末端用户推，而是以倒过来的方式，从最末端的消费者或用户往产业链的中上游推。

可是消费者或用户资源及其数据又掌握在了谁的手里呢？它们都在“别人”——阿里巴巴、腾讯等少数巨头的手里。

阿里巴巴等巨头来主推产业互联网不就能取得更大的成功吗？答案是肯定的！但是，已经开始发力新制造的阿里巴巴，今后推出的所谓产业互联网将会迥异于你能实现的方式。

二是市场需要的不是单一、单纯的产业互联网。

在若干年前，如果我们同时需要找政府相关部门办理这么几件事：办理结婚证、查验房产证、交医保，那么我们在民政局办了结婚证出门之后，就可能需要跋涉10公里去房管局查验房产证（现已更名为“不动产证”），从房管局出来之后可能还需要再跋涉5公里才能到劳动和社会保障局去办理医保事宜。

我们都会想，为什么这些部门就不能在一起办公，让大家在一个地方就把事儿办了呢？政府体察民意，后来聚合了民政局、房管局、劳动和社会保障局等主管部门的办事窗口统一开设了一个又一个便民服务中心。

我在这里举这一个例子是想说明，即便是同一群体的消费者与用户的需求，也是多种多样的，围绕他们的多元化需求，聚合关联的多元化产品和服务去“一站式”满足与解决他们的需求，相对于让我们在手机里面装上一个又一个仅仅是提供单一产品和服务的App，相对于我们仅仅能在一个购物网站买鞋子、仅仅能在另一个购物网站买箱包……要受欢迎得多。

这也是为什么“啥都卖”的天猫、淘宝、京东能成为线上购物世界的统治者；为什么“啥都卖”的百货店、超级市场、大型综合超市、专业市场、购物中心、仓储式商场、便利店相对只卖某个或少数几个关联品类商品的专营专卖店，会是线下购物世界更大市场份额的占有者的原因。

切回正题，也就是说我们不需要在产业结构上、产业环节上、产业产品或者是服务的品类及品牌上单一、单纯的产业互联网。换句话讲，做产业互联网需要更多的生态思维甚至是与此相关联的跨界思维。

即便是做物业服务方面的产业互联网平台（目前还没有这样的平台），我们也希望在基本的物业服务缴费、物业服务投诉、相关物业服务预约等之外，再加上家政、出行、装潢装饰、二手商品置换或者是买卖等关联产行业的加入，我们甚至还希望自己跑街道办、居委会也能够在这个平台上实现。

这些都意味着做产业服务网需要很强的资源整合能力和平台吸附能力。可是谁最有能力在产业互联网上开展关联产业及跨产业的形态创新呢？依然是阿里巴巴等巨头们。

也就是说，产业互联网依然是巨头们的游戏。

三是再大的努力也抵不过阿里巴巴等巨头的顺势而为。

阿里巴巴等巨头在消费端、零售端、流通通路端都已经掌握了线上、线下的巨量级资源及数据，它们在产业互联网上具有了普通的企业及创业者所无法企及的生态与基础，它们现在要做的重点工作就是：通过新制造去帮助生产制造端一个又一个产行业的企业实现数字化、线上化，让它们能与消费零售端、流通通路端（限制性）打通。

而后，在此基础上通过一个或少数几个大的产业互联网经济平台，去实现一个又一个产业的原材料与设备供应商、厂家、商家及最末端消费者或用户的互联、互通。

但是，**未来的产业互联网一定会迥异于之前许多人的商业设想，一定是与消费互联网相结合的“新网红”、新物种。**

一旦如此，产业链最末端的消费者或用户就能直达最上游的厂家，直接向厂家购买大批量规模化生产的标准化产品，或者是定制个性化的小批量产品（当然，囿于相关法规的限制，并不是所有产行业的产品都能实现这一点，比如医药企业就不能直接把药品卖给患者）；最上游的生产制造厂家就能知道是谁在买自己的产品，就能直达最末端的消费者或用户，根据消费者或用户的订单采购原材料，组织生产与提供或大批量规模化生产的标准化产品，或小批量定制个性化产品。

那么，新的问题就因此出现了，一旦制造业产业链条首尾两端相连的以上可能得以实现，流通通路端的传统中间渠道商被需要的重要性又会进一步降低，而零售商们的重要性甚至也会随之降低，随之将会发生连带改变与进化的还有目前的天猫、淘宝、京东、苏宁等消费互联网。

其三，消费即制造：一切都在发生改变。

阿里巴巴率先实施的新制造正在造成制造链的大逆

转，并正在催生与消费互联网相结合的产业互联网经济新形态的诞生，也正是因为正在或即将发生的两大原因，消费即制造的新时代正在到来。

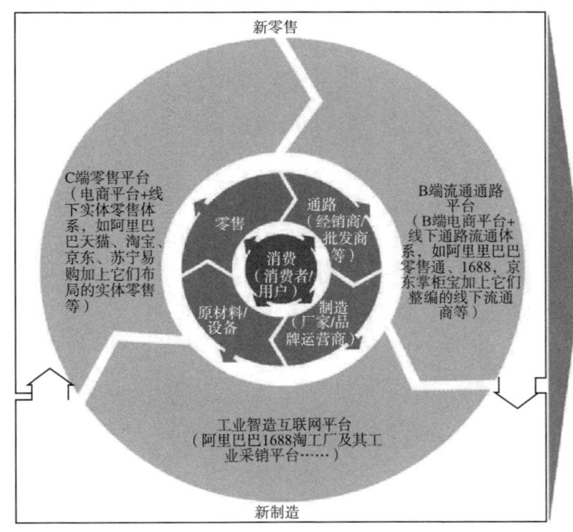

●消费即零售
●消费即通路
●消费即制造
●消费即原材料/设备采购

新零售+新制造，不仅将催生工业智造互联网平台，即与消费互联网相结合的产业互联网新形态，还意味着“消费即制造”的到来

图3-5　消费供应链环节平行趋势图

如图3-5所示，从新零售到新制造，或者说“新零售+新制造”之下，站在消费者或用户立场的消费供应链结构，已经发生了深刻的变革——以前的消费供应链是纵向的，从厂家到消费者或用户需要经历层层的层级。而从现在开始的未来，消费供应链的各个主要环节基于持续的数字化、线上化、各主要环节与消费端打通的努力，相对消费者或用户端而言，它们已经变成了平行的环节。

从理论和条件上看，零售商、经销商与批发商、厂家与品牌运营商、原材料与设备供应商都可以直接面对消费者或用户提供产品与服务。

如此，便进一步形成了一个事实：消费即零售、消费即通路、消费即制造！

由于本部分内容主要探讨的是新零售对新制造的推动，所以这里结合消费供应链平行趋势主要围绕“消费即制造”进一步探讨几个问题。

一是“三反”将成常态。

所谓“三反”，指的就是个性需求下的反标准化产品或服务的量贩售卖、小规模定制下的反工业化规模生产、消费供应链环节平行趋势下的反中介化。

就第一点来讲，以前我们生产一批产品都是标准化的，以同样的配方标准、同样的生产线标准、同样的规格标准、同样的包装标准，生产出同样标准的标准化产品，然后再把这些同样标准化的产品卖给尽量多的消费者或用户，这是典型的以共性抹灭个性、以“大众”覆盖小众的做法。但是，当“新零售 + 新制造”的时代到来，一家家原本没有能力和条件直接面对消费者或用户的厂家，因为持续的数字化与线上化，就能直接面对最末端直接掏钱消费的客群，消费者或用户的个性化需求就有了直接向厂家诉求的更多可能。基于这个基础，反标准化产品量贩售卖的个性化需求就会成为厂家去释放与满足的生意（同时，这也是新制造为什么让厂家们增加服务属性的重要体现）。

而要更好地做到这一点，小规模定制的工业化生产就必须跟得上。这就牵涉了上述的第二点内容。

其中的难度是显而易见的，因为就传统的工业化量贩产品，比如就维生素功能饮料脉动的雪碧味、水蜜桃味、青柠味等产品而言，只要配方不一样、原材料上有所区别，那么在生产工厂就会牵涉到重组配方、重采原材料、重新清洗生产线的机器……从原材料采购到成品包装的许多核心环节都要重新来一遍。

很明显，在传统的工业化生产条件之下，开机成本、时间成本、人工成本等直接决定了传统制造企业对小规模定制的“排斥性”。所以，我们在现今，以及在过去的几十年里，在工业化生产中所能见到的“定制”，更多的就是通过在“菜品”非常有限的“菜单”中勾选、在包装物上做文章的“浅”定制。

可口可乐这样的跨国消费品巨头亦是如此。比如在2018年的“双11”到来之前，可口可乐触电C2B定制，为天猫“双11”推出了定制专属生产线。不过，可口可乐对消费者开放的依然仅能局限在有限的“菜品”中——“畅爽爱”系列定制礼盒，口味在蜜桃、柠檬、香草、经典原味中进行选择，礼盒规格上限制性搭配组合2瓶装和4瓶装，然后就是礼盒包装上的贴纸、个性签名等。

不过，这已经是比较大的进步了，而且随着人工智能、工业机器人乃至智能定制生产线等商业技术的进步，以及它们反馈在成本上的可控制，超出“浅”定制范畴的、反规模化生产的小规模工业化定制正在逐渐成为现实。

就第三点来讲，消费供应链环节平行趋势下的反中介化，将会进一步加速中间渠道势力的塌陷，进一步加速催生“产业 + 消费”互联网平台的萌生，前面已经有过许多相关的阐述，这里不再赘述。

二是产销协同上的效率革命。

新零售（以及进阶后的新消费）需要更匹配的制造业配合，需要更匹配的产销协同，在消费零售端与流通通路端数字化之后，提速推进生产制造端数字化的新制造正是承担着这样一个使命。

如图 3 – 6 所示，一旦新制造帮助制造端与产业链前端的各主要环节打通相连之后，所带来的产销协同上的效率革命将会是链式的。

基于新制造助力下消费供应链的平行趋势，厂家们数字化、线上化后，即是与消费者或用户们的面对面。在跨过重重渠道阻隔屏障后，厂家们可以根据最真实的、适时的一手消费数据，来调整、改善、定向研制与生产消费者或用户所需求的产品或服务，从而让产品或

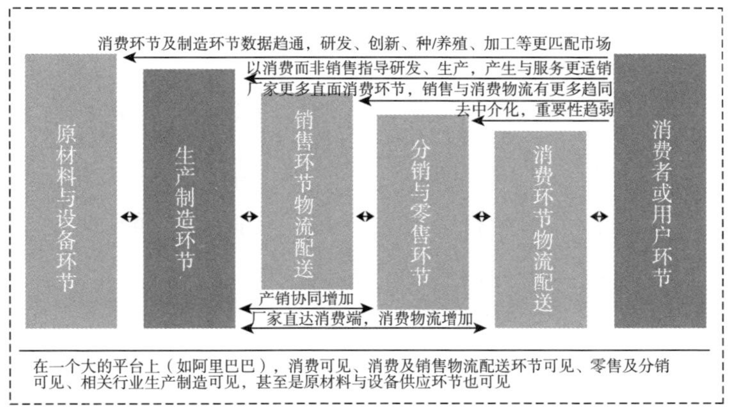

图3－6　产销协同链式增效趋势图

服务更适销。一旦有了更适销的产品或服务，分销与零售环节的销售周转就会更加顺畅、高效。

与此同时，一旦阿里巴巴等巨头与消费互联网平台相结合的产业互联网新平台被催生，平台就会控制到消费及销售订单的分配，只要在生产能力及条件、生产成本、工时、履约交付成本等方面满足预设规则，加工订单就可能被推送给就近的工厂，订单可能牵涉的原材料与设备供应商也可能同时推荐给制造企业。如此一来，生产制造端的厂家们，就因为原材料与设备供应商的集约“抢单”，就可以结合考虑质量及履约交付时间等，降低采购成本、缩短生产周期和提高供应效率；而消费者或用户们，同样可以因为厂家直接满足自身小规模、定制订单，以及订单就近化满足与物流配送成本的降低、提效等，享受到更快、更好，甚至在消费成本上更低的产品或服务。

在这个过程中，生产制造端满足分销与零售环节的销售物流与满足消费者或用户环节的消费物流，将会因为厂家与最末端消费者或用户的直接接触，而出现更多重叠的可能，出现销售物流即消费物流的情况。

但是这个过程也是厂家与消费者或用户之间的中间渠道商愈发痛苦的过程。在传统的电商时代，许多的制造企业已经通过天猫、京东、微信商城等开设了一个个直面消费者或用户的“网店”，分流了市场客流与蛋糕（尽管是有限的）。而今后，“新零售 + 新制造”，将会更普遍地促使厂家们更多地直接接触消费者或用户，消费端派发给厂家的有关自己全家人一个月或者三个月需求量的小规模订单、定制订单，将会愈发明显地影响到经销商群体，甚至是零售商群体的生存和发展。

换句话讲，产销协同未来的演化方向是“产消”与“产销”协同，新制造鼓励与支持生产制造端直接接触末端的消费者或用户，其所带来的效率革命在提升社会生产力各环节效率的同时，让制造业将自己的命运交给了大平台，还是以进去一步的去中介化——牺牲经销商甚至是零售商群体的传统利益为代价的。

经销商与零售商群体（乃至制造商）到底会被未

来的时代逼到一个什么样的糟糕而窘迫的境地，其中相当大的主导权就掌握在具有游戏规则制定及主导权的阿里巴巴等巨头的手里——看它们如何平衡既得和未得商业利益，以及撮合即将迎来大面积数字化改造的厂家与消费者或用户们的接触面及接触距离。

但是，谁也不可否认的是：巨头们在控制了中国消费零售端的格局之后，已经开始了通过新零售控制中国企业流通通路端的运动，而现在又开始通过“新零售 + 新制造”试图控制中国相关行业的生产制造端。

值得深思的是：经由上述分析，阿里巴巴在线上电商之后发起线上、线下融合的新零售，在发起新零售不过两年的时间后又开始向前推进新制造，有通过自我颠覆而不断进化的意思——新制造在为产销协同带来效率革命的同时，也在让生产制造端的厂家们跨过分销零售环节加入新零售的运动。慢慢地，零售商们会发现，新零售不仅仅是零售商的新零售，同时也是“反零售商”的制造商们的新零售。

对阿里巴巴自己是进化，对别人却可能是颠覆！一旦新制造形成气候，那些没有及时布局新制造的新零售商及其他所投资布局的数万家、数十万家实体店，以及更多的线上、线下零售生意将会受到很大的影响。

五、推进中国社会进入消费新世代

新零售将会在以下三个方面对中国社会产生深远的影响：

第一，加速推动中国社会进入信用消费时代；

第二，加速推动中国社会进入超前消费时代；

第三，加速推动中国社会进入消费经济时代。

这里先聊第一个问题：为什么说新零售将会加速推动中国社会进入信用消费时代？

1. 新零售将加速度推动中国社会进入信用消费时代

在讲这个问题之前，我先为大家描述一个在前面的相应章节中已经有所提及的未来场景。

未来的某一天，我们无论是去家乐福、沃尔玛还是去苏宁、永辉超市的任意一家卖场，选好自己要买的商品之后，不用再像现在一样去收银台用现金结账，或者是刷卡，或者是用微信支付用、支付宝支付，而是提着我们选好的商品就可以回家了，不用做出任何付款动作。

付款可能是一个月之后，可能是三个月之后，也可能是半年之后。只不过我们需要支付，为我们做选择的付款周期而支付一定的成本。

这些零售商为什么会允许我们不付款就把商品拿回家呢？因为他们的系统有我们的信用账户信息，我们的收入、消费、支付能力、不良消费记录都会在这个账户里体现。

而这个账户还与我们在任意一家银行的货币账户，与在支付宝、余额宝或者是微信上的账户都有关联。只要我们选择了某一种付款方式。

怎么付款呢？自动扣款，自动从我们的货币账户扣款。只不过这需要我们事先授权。

你也可能进入消费黑名单，因为你的收入能力、支付能力，或者说你的信用消费能力不足以支付购买所选择的商品。

事实上，目前的阿里巴巴、腾讯、京东，它们都在构造或建设类似于中国消费者信用大数据这样的系统（如阿里巴巴的芝麻信用），而国家层面也整合了这些公司在做类似的努力。

显然，这是一套针对中国社会个人或者是家庭的底层征信系统，涉及每一个人、每一个家庭。

当然，消费信用方面的关联大数据，无论开放给哪一家零售商，肯定都是限制性的开放和限制性的使用。

2. 新零售将加速推动中国社会进入超前消费时代

主要原因如下。

第一，中国进入了信用消费时代，就意味着每个人、每个家庭提前消费就有了社会或者是国家层面的金融保障。

第二，新零售有几个非常重要的关键词也让我们不停地买。

其中一个关键词是体验，另一个关键词是消费场景。零售商将会更加深刻地洞察我们方方面面的消费场景，并通过营造和实现这种场景，而让我们不断地购买，而将我们可能被隐藏、被忽略的消费需求得到更加充分地释放。

也就是说，因为零售商在消费触发方面的努力会让我们有购物的冲动，点燃我们购物的冲动，刺激我们不断地购买。而零售商们在消费体验提升上的努力，同样会提升我们购物的消费愉悦程度，我们高兴了，自然就有更多的购物冲动。

第三，还有非常重要的一点，那就是随着“95 后”“00 后”等一代又一代的新兴的消费势力的崛起和中坚化，他们的消费观念相对于他们的父母，相对于他们的爷爷、奶奶一辈，将会出现很多的不同点，其中一个就是超前消费。

3. 新零售将加速推动中国社会进入消费经济时代

实际上，当我们弄清楚了前面两个问题，也就是为什么说新零售将会加速推动中国社会进入信用消费时代，进入超前消费时代，那么这个问题就好理解多了。

当我们现在的主流消费群体愿意花明天的钱、愿意花更多的钱来满足自己对更好的商品、更好的服务的需求，以及来满足自己以前想消费却不敢消费的被压抑的未被满足的需求……再加上信用消费的配套，这些怎么就不能够推动中国社会进入消费经济时代呢？

姑且不说我们的收入是否跟得上进行更好的消费、更多的消费的需要。但是，一个事实是随着信用消费时代的来临，我们现在有条件进行更多的、更好的消费了。

当新生代的主力消费群体成长起来之后，他们本身就是一代又一代的超前消费的消费群体，这些人更会拉动中国社会进入消费经济的时代，并一去难返。

第四章　格局：新零售未来格局与业态成长

一、新零售的未来没有腾讯

在前面的内容中，实际上我们对新零售的未来格局已经做出过很多判断。在这里，再回过头来梳理几个重点：

其一，新零售是巨头们的游戏；

其二，新零售是新零售的发起者与主导者——线上巨头们的游戏；

其三，新零售主要是腾讯、京东与阿里巴巴、苏宁两大阵营之间的游戏；

其四，冠以“新”的新零售，注定会在概念上变旧，当它成为常态与主流，当新零售向新消费等阶段进阶之后，新零售将会是一个逐渐消失在未来的概念。

不过概念消失，并不代表事实不再存在。

腾讯、京东与阿里巴巴、苏宁（前身苏宁云商，更早以前为苏宁电器）两大阵营之间的争斗，将会长期主导中国新零售的未来格局，并直接关系着、影响着实体零售商、流通渠道商及厂家等制造业群体的未来。

1. 哪个阵营会胜出

我想换个角度来谈这个问题——更准确的说法是让我们问自己几个问题。

其一，零售业是谁的主业？

零售业是自己的主业、是自己的根基，我们才会去“舍命”保增长、决雌雄。那么，在新零售头部玩家中，哪些公司的主业才是零售业呢？

阿里巴巴的核心主业就是零售业。尽管阿里巴巴近些年来在云计算、数字媒体和娱乐业务及其他创新项目上长袖善舞，但在其2018财年2502.66亿元的营业收入中，核心电商业务在总营业收入中的占比依然高达85%（2140.20亿元）。

苏宁也是典型的零售企业，即便之于其控股集团苏宁控股来讲零售业亦是其主业——苏宁2017年年报营业收入1879亿元，亦在集团2017年5579亿元的总营业收入中占了将近34%的比例，要知道苏宁控股的产业板块可是包括苏宁、苏宁物流、苏宁金融、苏宁科技、苏宁置业、苏宁文创、苏宁体育、苏宁投资八大板块。

就京东来讲，零售业就是无可争议的根基与核心主业。但就京东的大股东腾讯而言，零售梦或者电商梦在其过去20年的公司史中一直是未完成的“梦”——腾讯曾做过QQ网购、拍拍网和易迅网等电商平台未曾成功，在后来入股京东后，就将它们一股脑打包给了京东（2014年）。尽管自营电商平台没做成功，但腾讯从未放弃过电商零售业务，依托自身的流量优势，通过投资入股的方式，它成为站在京东、唯品会、拼多多、蘑菇街等电商背后的金主，并在新零售运动中，还投资了永辉超市、万达商业、家乐福、步步高等实体零售企业。

所以，就今天的腾讯而言，零售业可以算是它对外投资的主要领域，却算不上是它的主业。

其二，谁把自己的未来战略重心放在了零售上？

阿里巴巴的未来战略是要做未来商业基础设施的提

供者，把电商平台（新零售平台）、物流、金融、大数据和云计算、跨境等定位为商业基础元素；未来京东的战略定位与阿里巴巴有异曲同工之妙，但是聚焦为中国零售基础设施服务商，这意味着未来的京东在自营电商上可能会逐步压缩投入与规模，而更多着重于电商、物流、金融等方面的平台性开放；苏宁则一直将自己定位于O2O智慧零售商，旨在通过门店端、PC端、移动端和家庭端的四端协同，实现全渠道的、无处不在的一站式消费服务体验，为此苏宁在2017年年底发布“智慧零售大开发战略”，计划在3年（到2020年）内新开15000家新门店。

相对于以上几家典型的零售业巨头的未来战略，腾讯与它们依然存在非常大的差异。因为它的战略核心在“连接器”三个字上，连接人、连接数字内容、连接服务、连接消费，以及基于前述的连接基础，下一步重点发力B端，去连接产业。

其三，谁勒紧“裤腰带”也要投资？谁在投资并购中追求更大的股权与话语控制权？

苏宁在2017—2018年的几起并购投资事件中，除了在协同腾讯、融创中国、京东入股万达商业中投资95亿元占股3.91%外，对天天快递和迪亚中国（以社区零售业态为主，超过 300 家门店密集布于上海主城区）都是全资收购。

不过一手要并购扩张，另外一手又要实施庞大的新开门店计划，苏宁的资金流是紧张的。据 Wind 数据显示，2014—2016 年，苏宁的净利润分别为 8.24 亿元、7.58 亿元、4.93 亿元（扣除非经常性损益后的净利润分别为 -12.52 亿元、-14.65 亿元、-11.08 亿元）。为了解决资金问题释放战略扩张的需求压力，它从 2017 下半年到 2018 年上半年期间，相继两次抛售所持有的阿里巴巴股份，获得投资性收益共计近 90 亿元，以及为了不拖累公司财务表现，还将苏宁小店这块需要大投入及需要一定培育周期的业务剥离了上市公司。

同样面临较大资金压力的还有京东。2018 年 8 月，京东发布了自己该年的第二季度财报，基于非美国通用会计准则（non-GAAP）下的净利润为 4.78 亿人民币（约合 7230 万美元），实现了连续 9 个季度，即连续两年多时间的盈利。但是，该季盈利相较 2017 年同期净利 9.765 亿元，下滑 51.04%；相较 2018 年第一季度净利 10.474 亿元，环比下降超过 52%。

京东的盈利下滑，主要原因来自它在技术研发上的持续高增长的投入。在 2018 年第二财季，其技术研发（侧重无人智慧科技、物流即人工智能等相关领域）投入增加到 27. 81 亿元，这是连续第三个季度保持了 70% 以上投入增长的高投入态势。

一边要满足资本市场的预期交出一个相对漂亮的财务报表，一边要在“中国零售基础设施服务商”上面向未来保持研发投入力度，到了新零售中的投资并购的时候，京东不缺席但也不得不结合自身的情况度身、量力而为——在 2017—2018 年这两年的新零售方面的投资并购浪潮中，京东先后斥资 2. 59 亿美元、7. 39 亿元人民币、50 亿元人民币投资了唯品会、步步高商业连锁、万达商业，分别占有这三者总股本的 5. 5%、5%、2. 06%。而在这三次投资过程中，均有其大股东腾讯的联手。

京东因为盈利压力与到处都需要花钱的矛盾，在这个过程中应该是处于无奈的隐忍状态。所以，到了新零售巨头的主体收编对象由全国及区域性的头部实体零售资源转向遍布中国城市与乡村市场的实体小店的时候，就瞬间爆发了它的饥渴性，在五年“百万家便利店计划”（2018—2022 年）的路上蒙眼狂奔，通过翻牌夫妻店的方式极力圈占线下实体店加盟。但因为前期线下实体店经验相对缺乏、货品供货价方面的竞争力高低不齐、退换货服务不到位、能做到的管控相对松散等原因，这些京东便利店的盈利能力难免参差不齐。

相对于京东、苏宁来讲，腾讯这家中国最赚钱的公司（之一），在2018年春节前后与阿里巴巴展开了一场史无前例的针对优质实体零售资源的争夺战，硬是通过买、买、买，买出了一个新零售帝国。在2017年12月12日至2018年2月8日的不到3个月时间里，先后投资了永辉、唯品会、家乐福、万达商业、海澜之家、步步高等（后面有专门内容详解腾讯的新零售投资），并与家乐福签了战略投资协议——双方后来发生变故，苏宁在2019年6月用48亿元的代价收购了家乐福中国80%的股份。而在之后的几个月时间里，还与全国最大的连锁超市及第二大医药零售商华润、中国家居行业的领军企业红星·美凯龙等企业达成了战略合作协议（与后来家乐福转投苏宁有些类似，在2019年5月阿里巴巴"截胡"腾讯，用43.6亿元战略投资将红星·美凯龙拉进自己的阵营）。

不过，回过头看腾讯的新零售投资，更像是财务投资或者像记名圈地的排阿里巴巴式投资，除了在永辉超级物种占有15%股份外，在其他的投资合作中只占有了5%左右的股份。也就是并不追求话语权和控制权，阿里巴巴相对腾讯而言的投资并购，则完全是另外一种情况。

从银泰百货、苏宁、三江购物、新华都到高鑫零售、百联集团联华超市、居然之家、饿了么等，阿里巴巴的投资多数占股都是15%以上，对高鑫零售、饿了么等甚至是成为第一大股东或者是直接全资收购，强调的就是话语权与更大的控制力。

综合以上新零售巨头的情况，我们就会发现：未来的中国新零售市场格局，将更多地由阿里巴巴、京东及苏宁等所主导。

从另一个角度讲，仅在2018年的春节前后就在新零售的投资上砸了数百亿的腾讯，“到处”都有它的身影，但并不在新零售的未来。

2. 腾讯的新零售投资更多依托的是代理人路径

除了强调去中心化、较低占股、不追求话语权和控制权等外，腾讯在2017—2018年的新零售投资狂潮中，还有另一个特征，那就是更多地依托代理人路径。

比如在几家典型的新零售投资事件中，除了海澜之家这个标的外，腾讯在对永辉超市、唯品会、万达商业、步步高的投资中，皆带上了自己作为第一大股东的京东出手。只不过对永辉超市而言，京东是先于腾讯两年多时间成为永辉的股东（京东在2015年8月以43亿元投资永辉超市，占其10%股份）。

而在纵深整合线下实体零售资源的时候，腾讯更多的是以永辉超市为代理人。抛开永辉超市已经成为第二大股东的中百集团不讲，永辉超市参股西南地区便利店龙头红旗连锁，以及腾讯和永辉原本计划一起联手投资家乐福中国，事实上都是为腾讯系的新零售军团起着添砖加瓦的作用。

腾讯为什么要通过这样的方式构筑与阿里巴巴鼎足而立的新零售军团呢？

与主业就是干零售的阿里巴巴不同的是，腾讯的零售经验与零售团队都是非常欠缺的。

对于零售本身而言，它是一个非常专业的活——你没有经验，开几间杂货铺、小便利店或许也能赚到钱，但要上升到在一国之零售市场搅局与成为这个市场的主要角逐者，就得用金刚钻揽瓷活儿了。

这逼迫腾讯成为风格、做派迥异于阿里巴巴的新零售玩家。如果说阿里巴巴的新零售生态就像苹果的 IOS 系统，腾讯的则更像安卓，它不得不以资本、用户资源及数据、技术为纽带，整合收编社会化的专业零售力量作为自己对抗阿里巴巴的代理人，以建立起更多有效赋能腾讯线下零售的关键要素体系和推进线上、线下融合的商业基础设施。

京东和永辉是再合适不过的帮手了。

3. 腾讯怒砸数百亿买、买、买，并不是为了和阿里巴巴对抗新零售，而是为了实现自身战略

在中国连锁经营协会（CCFA）的 2016 中国快速消费品连锁百强榜单的前 10 强中，其中六家已经名花有

主，这里的“主”指的就是阿里巴巴和腾讯，而剩下的几家中，有三家都和腾讯、京东系有战略合作关系，如表4－1所示。

表4－1　中国快速消费品连锁100强前10强站队阵营

序号	名称	派系	
		阿里巴巴	腾讯
1	华润万家		与腾讯、京东是战略合作关系
2	大润发	√	
3	沃尔玛		√
4	联华超市	√	
5	永辉超市		√
6	家乐福（中国）	√（阿里系苏宁收购）	√
7	中石化易捷		与腾讯、京东是战略合作关系
8	步步高超市		√
9	北京物美		与腾讯注资的多点MALL是战略合作关系
10	农工商超市		

当零售业进入新零售时代，以及在2017年下半年进入疯狂的“圈地”时代的时候，就已经快速形成了阿里巴巴系和腾讯系两大对垒阵营。

但是，腾讯并不是像阿里巴巴一样，是以零售为根基及主业的，在形成新零售的腾讯系之前，它也更多的是通过京东发动与阿里巴巴之间的“代理人战争”（腾讯是京东第一大股东）。当腾讯与阿里巴巴之间在新零售领域由暗斗转向明争，可以用两大关键词来概括：一是动作快；二是投资大。现在就让我们简单地回顾腾讯这场对实体零售的并购争夺战。

如图 4－1 所示，在腾讯新零售的棋盘上，已经布满了京东、唯品会、万达商业、永辉、海澜之家、家乐福、步步高等棋子。

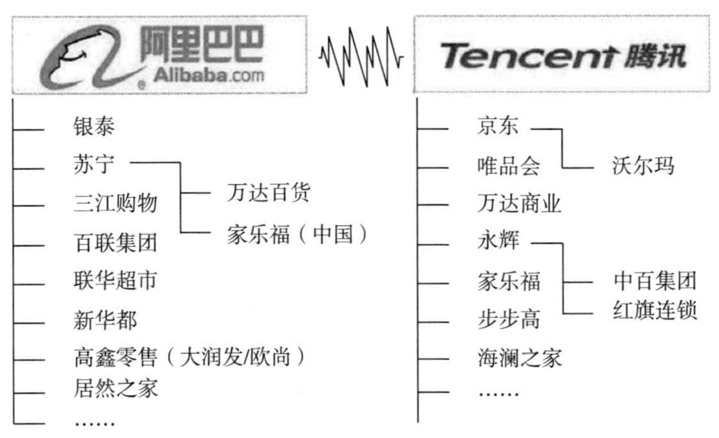

图 4－1　阿里巴巴、腾讯新零售布局

从目前已经形成的布局来看，腾讯的这一盘棋显然能够形成与阿里巴巴的分庭抗礼之势。需要强调的一点是，如果从 2017 年 12 月腾讯拿出 42. 16 亿元买下永辉超市 5% 的股权算起，腾讯仅仅用了两个月左右的时间，就以“迅雷不及掩耳之势”搭建起了这幅新零售版图。

当然，这显然和腾讯的巨额投资脱不开干系。

表 4－2 腾讯新零售投资并购表

投资类型	投资企业	投资金额（单位：亿元）	股份占比
线下实体零售	永辉超市	42.16	5%
	永辉云创（超级物种）	1.875	15%
	万达商业	100	4.12%
	海澜之家	25	5.31%
	步步高	8.87	6%
	家乐福	曾签战略投资协议，后退出收购	
线上零售	唯品会	≈38.3（6.04 亿美元）	7%
合计投资总额	确定性投资总额	>216	

（数据来源：据公开资料整理）

如表 4－2 所示，腾讯在这快、准、狠的两个月中，仅仅计算针对永辉超市、万达商业、步步高、海澜之家等已经确定及公布的投资，就超过了 200 亿人民币。

线上零售遇瓶颈，线下实体零售在痛苦，腾讯两个月怒砸数百亿买、买、买，难道真的是看上了线上、线下融合后的新零售“钱途”吗？难道腾讯就真的要和阿里巴巴在新零售领域来一场紫禁城之巅的决斗吗？

当然不是，根据我之前对腾讯的战略推演与趋势预判，腾讯两个月时间就花了数百亿，并不是真的玩新零售，也并非要在新零售领域和阿里巴巴对抗，它更像是在抢占一个超级入口。它的目的就是通过新零售这个超级入口，实现自己连接人与消费，以及人与产业的新战略（请结合上一章的内容阅读本章节内容）。

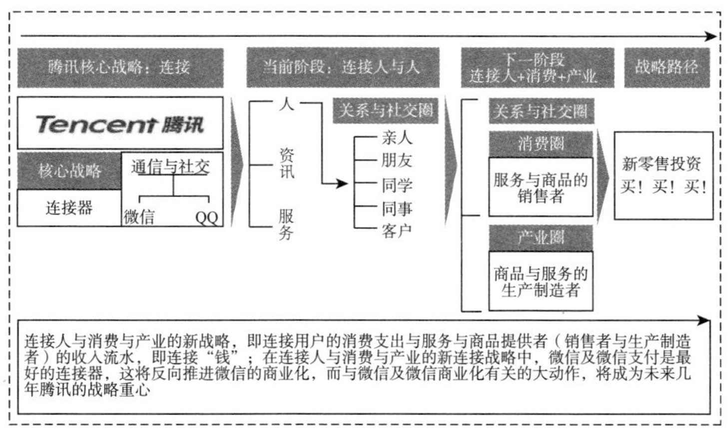

图 4-2 腾讯未来战略演化图

如图 4-2 所示，腾讯的核心战略是要做一个连接器，连接人与人、人与资讯、人与服务、人与娱乐等，但是这仅是其当下阶段的战略而已。

在完成上一阶段的主体战略目标之后，腾讯的下一阶段战略将会重点转向连接人与消费、人与产业，说白了就是连接人与钱（即用户的消费支出与服务与商品提供者——销售者和生产制造者的收入流水)。而后,才是关联的战略衍生和生态体系业务的共荣。

即便仅是连接人与消费,这背后对应的亦是中国的社会消费品零售—— 一个有着三四十万亿体量并还在增长着的巨大蛋糕。

腾讯投资新零售,但是又不玩新零售,那它如何才能抢到这块蛋糕呢?

微信及微信支付就是最好的连接器与收割刀,所以我们在近一两年中看到了它在企业微信上的发力,在小程序及开放微信商品搜索等方面的努力。

而这又蕴藏着腾讯的另一层战略意图,那就是通过与阿里巴巴抢夺新零售的头部资源与优质标的企业(主体企业都是上市公司),狙击支付宝及其流量扩张,反转在移动支付中落于下风中的微信支付。

综上所述,腾讯重金布局新零售却并非真玩新零售的主要原因有三个。

第一,战略需要:腾讯未来的战略重心是连接人+消费、人+产业、人+消费+产业,发展及商业想象空间极大,而投资新零售正是实现这一战略重心的关键枢纽型途径。

第二,核心业务领域图谋从狙击到反转:微信是腾讯作为连接器的核心平台之一,微信支付是微信最有价值的业务部分,抢占线上、线下优质零售企业投资新零售，即投资主流价值业务，即对抗阿里巴巴的支付宝和流量抢占。

第三，投资安全：投资企业俱是上市公司，不论所投资企业经营情况及其分红的好坏，亦可通过资本市场谋利，不亏。

腾讯在整编新零售队伍时的卖点——去中心化，及其在具体整编过程中不求控制权与多是只收购5%左右的股权，似乎也正在印证我的这种推断。

尽管腾讯可以如此，对腾讯阵营内的京东、永辉超市，甚至是其投资的拼多多等而言，零售几乎是它们的全部。

不确定的一点是，当腾讯的战略由连接人+消费，向上更多的上溯至人+消费+产业，即侧重产业互联网这个重心的时候，我认为它将发现消费互联网与新零售在这个战略“闭环”中的重要性，有可能反过来改变其对零售企业的投资额度，从而增加自己在当事零售企业的话语权与控制权。

二、新零售业态成长力与未来格局

中国零售业进入了新零售时代，无人便利店、无人货架等创新业态层出不穷，而线下传统的实体业态也在新业态与线上零售中浮浮沉沉。

未来再结合现今的业态发展实情，中国零售市场的新旧业态将会向何处发展？我们又能对各个业态的发展潜力做出什么样的判断？

1. 线上业态的份额越来越大，线下业态的份额越来越小

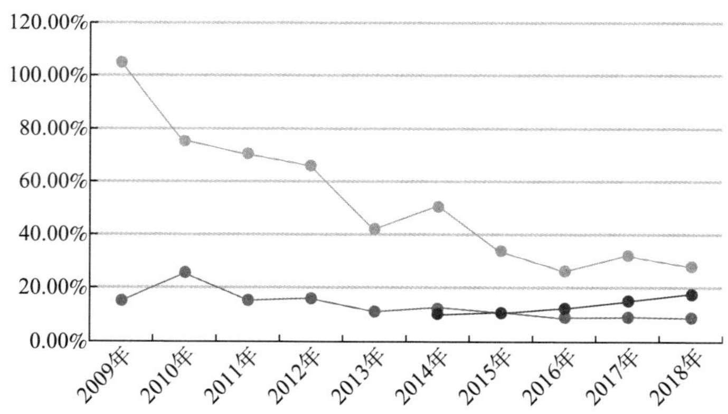

图 4-3　社会消费品零售总额与网上零售额及其比重的增长走势图

如图 4-3 所示，结合具体数据来看，中国社会消费品零售总额与“红利”逐渐消失之网上零售额中的增长速度，总体来讲都在放缓脚步、渐行渐低。结合具体的数据来看，在 5 年内（2014—2018 年前三季度），社会消费品零售额的增速分别是 12%、10.6%、

10.4%、10.2%、9.3%，而网上零售额在同一时间段的增速则分别是50.8%、33.3%、26.2%、32%、28%，可见网上零售额依然在以高于社会消费品零售额200%以上的增幅增长着。

如果再将数据进一步聚焦于线下社会消费品零售中的实体零售业在2018年前三季度的增长，就会进一步发现，同一阶段28%的网上零售额增幅将会达到线下实体零售业的436%（2018年前三季度，超市、百货店、专业店等限额以上单位实体零售业态零售额总体同比增长6.6%），这个数据差相对于前面的那个数据更为惊人。

正是因为这些增速数据落差的客观存在，才让图4-3中的那根灰色的线越翘越高，即实物商品网上零售额在社会消费品零售总额中所占的比重越来越大。线上零售占比增大，就意味着线下实体零售的占比与发展空间变小。事实上，2016年至2018年这三年中，实物商品网上零售额增长速度的增幅每一年都超过了十六个百分点。如果在2019—2024这五年中继续保持这样的速度增长下去，那么在五年后也就是2024年，实物商品网上零售额在社会消费品零售总额中的占比将会高达42%以上。也就是说，每100元的生意，到时候将会有超过42元的生意被线上零售所占据。

而线下实体零售的增长速度落后于社会消费品零售

总额，更远远落后于网上零售额增速的事实，再加上人工成本、房租成本乃至是用电成本等的持续增长，以及实体零售业在新零售浪潮中的转型投入等，这些都意味着线下实体零售依然处于生意越来越难做的痛苦通道中。

不过，依我的判断，随着线上、线下融合力度的加剧，未来将会越来越难分清楚什么是线上零售额与线下零售额。到了一定阶段，网上零售额这个特定的称呼及其统计甚至都可能不复存在，遗憾的是概念的消失不代表事实上没发生、没存在，线上的高增长与线下实体零售在线上、线下零售博弈中的增长颓势，将会影响到线下实体零售各类型业态的发展与兴衰。

2. 线下实体零售业态的未来发展格局

鉴于线下实体零售业态及其业界在划分业态维度上的多样性，在这里让我们主要聚焦于前面相应内容中所提及的距场业态这一划分方式，以及围绕期间的主要业态类型和创新业态类型进行分析与展望。

不过，首先让我们来看看新零售与旧零售业态未来发展情况。

其一，新零售业态与旧零售业态的未来格局。

在新零售运动的裹挟前行之下，旧零售业态如果不能及时踏上新零售的跑道，将会快速萎缩，从而让新零售业态成为社会零售业的主宰。

最大的原因在于新零售业态的几个典型特征将会对旧零售业态形成明显的压制和杀伤效应。

典型特征：一是线上、线下融合，通过数字化、线上化突破门店经营限制，近于“全渠道化”，如此情况下，线上订单比重逐步趋大，直到达到一个相对合理的数字；二是服务比重显著加大，体验度提高，并对到家配送等社会化服务整合较多；三是数据及技术等指导与驱动商品品类管理（以及背后的供应链管理）、促销等日常经营活动；四是无需现场即刻付现的信用消费将会日渐普遍覆盖。

这些因素将会影响到厂家与品牌运营商的终端渠道选择及投入，从而进一步恶化旧零售业态的生存与发展环境。

其二，距场业态的未来格局。

在距场业态中，我们主要提到过四种大的业态类型，它们分别是中心商圈业态、（区域商圈）分布式业态、近距业态和零距业态。这几种大类业态将会如何发展，以及在未来形成什么样的格局，和各类型业态中的具体业态构成也有很大关系。

表 4－3　距场业态格局发展趋势表

<table>
<tr><th colspan="2">业态类型</th><th>业态定位及变化</th><th>未来几年的表现趋势</th><th>可能的变化方向</th></tr>
<tr><td rowspan="5">中心商圈业态</td><td>百货店</td><td rowspan="5">主流业态</td><td>↘</td><td rowspan="3">1. 加快、加大新零售转型，加大服务比重
2. 重新审视自营线上投入，融入巨头生态
3. 加大供应链管理切入力度与深度，提升商品性价比</td></tr>
<tr><td>购物中心店</td><td>→</td></tr>
<tr><td>大型综合超市</td><td>↘</td></tr>
<tr><td>专业店与专卖店</td><td>↗</td><td>1. 坚持专业、正品，强化场景和体验
2. 重构服务体系，加大服务比重</td></tr>
<tr><td>便利店</td><td>→</td><td>1. 丰富与提高商品零售之外的类似餐饮服务等比重
2. 增加线上订单，提升离店服务</td></tr>
<tr><td rowspan="5">（区域商圈）分布式业态</td><td>百货店</td><td rowspan="5">主流业态</td><td>↘</td><td rowspan="3">同前</td></tr>
<tr><td>购物中心店</td><td>→</td></tr>
<tr><td>大型综合超市</td><td>↘</td></tr>
<tr><td>专业店与专卖店</td><td>↗</td><td>同前</td></tr>
<tr><td>便利店</td><td>→</td><td>同前</td></tr>
</table>

续表

业态类型		业态定位及变化	未来几年的表现趋势	可能的变化方向
近距业态	楼宇店	辅助业态	→	非商品零售服务存在很大的增长空间与可能
	工厂店		→	
	社区便利店	主流业态	↗	还会有一段时间的快速发展期，生鲜、社区拼团等会进一步加快融合
	社区超市		↗	
	社区专业店与专卖店		→	
零距业态	无人货架	辅助业态	↘	有较大萎缩的可能，但是将被解决其缺陷的其他业态取代
	自动售货机与自助智能货柜	辅助业态	↗	铺设点位会得到显著扩大和提升，适宜点位会通过集群货柜解决货品单一问题
	其他			

在表4－3中，我们将主流的各类零售业态进行了罗列，以及就它们未来几年的发展趋势进行了预判性比较。

从上面我们看出，中心商圈业态甚至是分布式业态，总体将会呈现出下滑的趋势，而近距业态与零距业态则会比较好地发展。

这里面的原因既有大家所熟知的线上零售的影响，

也有承租力变差、新零售分割份额的影响，还有消费者尤其是新生消费人群实体店消费习惯及远距消费习惯“恶化”等消费行为变化的制约。

基于以上判断，社区便利店等近距业态的进入与圈地抢占的风云，依然存在热情持续高涨的可能，而这将会加大近距业态中各具体零售业态的淘汰率。事实上，在过去的一两年中便利店企业的亏损面达到25%左右。

其三，移动与固定业态的未来格局。

在前面的相应内容中，我们提到过飞机、高铁及移动售货车等或封闭式、或开放式的移动业态。

未来，移动式业态将会存在长足的发展空间。比如配送车辆即售货车，无人车、无人机即售货车、售货机，而那些做同城快递的“小哥”甚至都可能成为移动式业态——同城快递企业为了解决盈利难题，部分公司已经用起了“敲门”之便，做起了卖保险、社区拼购等生意。

这些移动业态的发展，将会有效地解决全场景消费问题。不过，这种业态放在整个零售业，依然仅仅是辅助或补充型业态，线上零售除外，线下零售世界依然是固定式业态主宰着。

其四，典型创新业态的未来走势。

在新零售运动中，创新型零售业态呈现出井喷式发展的状态，无人货架、无人便利店、智能售货柜，以及以阿里巴巴的盒马鲜生和永辉超市的超级物种等为代表的生鲜餐零店业态等。

这里重点讨论生鲜餐零店业态与无人便利店业态。

就生鲜餐零店业态来讲，盒马鲜生与超级物种等代表，基于前期的试错与摸索，到了 2018 年的时候，已经开始进入规模化复制与输出的阶段，

以盒马鲜生为例，它在 2017 年年末的时候还只有 22 家店；到了 2018 年 8 月，不算签约未开门店，其在全国已开出门店就达到了 66 家；2018 年 11 月月底的时候，随着盒马鲜生宣布全国第 100 家门店落子武汉帝斯曼中心，这就意味着它的门店走向突破 100 家之路。考虑到盒马鲜生单店营业面积在 3000～5000 平方米，单店投资需要 4000 万元左右的预算，其新开门店数量已经可以用“惊人”来衡量了。

盒马鲜生之所以有高速扩张开店的底气，除了背后阿里巴巴的加持外，核心就在于其业态门店的盈利能力。截至 2018 年 7 月，盒马鲜生 7 家运营一年半以上的盒马鲜生成熟店，单店日均销售额超过 80 万元（线上销售占比超过 60%），其中 70% 的销售贡献来自生

鲜，单店坪效超过5万元，这个经营效率超过了同类型大卖场2～3倍。

类似盒马鲜生这样的生鲜餐零业态将会继续快速发展下去，并将向更多的中产阶层覆盖，将会发展成为生鲜及商品零售领域的主流业态之一。

接下来再重点讲一讲无人便利店。这个业态从诞生开始就自带“话题”属性，其中的原因除了“无人”、各种各样的黑科技等之外，连无人便利店这个名称都有着“反人类”的争议——去社会底层百姓的工作机会化，所以甚至有人称“每天都弄些专门裁剪底层员工的玩意算啥本事……我们老百姓最关心的是什么？有没有假货，是不是更便宜？超市里有没有员工，关我啥事？”

以上那段不完整的话节选自某媒体记者对某位大妈的采访，其中多多少少折射出无人便利店业态的一些问题。

不过，我是看好无人便利店在未来的长期发展前景的，但是其中一个非常重要的前提就和前述有关，那就是无人便利店必须创造出属于自己的存在价值。

这里的存在价值又指的是什么呢？

之于消费端：炫酷是表，满足与释放过去被忽略的消费需求场景是里。

人脸识别、重力感应货架、移动支付……黑科技再炫酷，之于零售业就是加持的表，零售业的核心依然是满足与释放人性消费需求。

但是零售业已经业态林立，相对发达，无人便利店相对其他零售业态，之于消费端要有价值，这时候就要好好地研究消费链中的一纵链——消费行为过程链，三横链——消费商品链、消费渠道链、消费时段链（详见前述相关内容），从中找到属于无人便利店的消费场景及消费需求解决价值。

之于供应端：重在增量价值。

作为零售业的新业态，如果是传统的零售业者进入，既能利用自己旧有供应链做业态延伸，也能因此拓展过去满足不足、解决不力的消费场景。

非零售业者进入，因为不具备采购及销售规模，业态商业模式存在一定的被质疑，就需要在条码费、促销费等方面向供应商让步，去争取更多供应商的合作与支持。

对广大供应商来讲，因为和我下面即将讲到的能拓展过去没能很好满足和解决的消费需求场景，对它们及行业市场会创造能见度，增加消费触点，因而产生增量价值，这是会受欢迎的。

之于行业竞争端：关键认清自身定位。

大卖场、标超、小超市、便利店、无人便利店、自助售货机、无人货架……无论是旧的终端业态还是新的终端业态，共同构成了消费者的消费渠道链，而每一种终端业态都在解决共性的商品消费需求之外，因为位置、货品丰富程度、价格、运营时间、服务等存在相应的差异化，并因此解决相应的特定需求而彰显业态存在的价值。

无人便利店现在还远没到去颠覆旧有业态的阶段，需要找准自己在消费渠道链的地位与定位。

比如满足冲动、即时性消费缺口——繁华阶段超市、便利店等欠缺，但路上行人解渴、零食等需求现实；满足商业配套欠缺下的需求解决缺口——郊野公园、景区，甚至是珠穆朗玛峰的山脚；满足平价消费需求——机场、车站、公园等售卖点商品价格高、服务差；解决特定区域 24 小时需求问题，因为无人便利店理论上是全天候开放的。

以上情况，既关乎无人便利店在消费渠道链的定位，也是其之于消费端的重要存在价值。

之于合伙合作端：市政公共配套与共享价值。

作为一种创新业态，无人便利店具备成为特定投放区域市政公共配套乃至共享性经济形态的可能。

之于前者，就像前面讲的要找准自身定位，之于后者就要与场地提供者进行收益共享、开放盈利。

这既会让无人便利店享受到低租金或者是零租金，大幅减轻经营压力、提高盈利能力，也会让无人便利店乘上类似共享经济的东风，实现更快速的渗透普及。就零售业来讲，规模是关乎采购议价权、消费定价权和自身抗风险之生存发展能力的核心要素之一。

除了以上所讲，无人便利店要创造存在价值，即被需求的价值之外，另外很重要的一点就是要提高自己的价值变现能力。

比如提高后台运管人员人效与无人便利店的智能化能力——无人便利店，尽管省去了店面营业员与收银员，但后台运管人员、巡视理补货人员等依然一个都不能少，部分环节甚至还有新设、还需增加。这时候，就需要提供区域性密集布点（可能会牵涉与智能货柜业态的结合，以便更好地解决不同场景下的密集布点问题），乃至结合社会化分包理货等方式来解决这个问题。

这时候，同样还需要提高无人便利店的智能化能力，比如提高货架智能，能够通过摄像机、重力感应、货位识别等，店面端向后台直接第一时间传送某 SKU 要断货需马上补货，某品类货架商品已乱需要理货维护等数据信息，以及进行动销分析及预测——商业技术将进一步解放人工与提高人效。

但是，无论传统还是创新，无人便利店终究是零售生意，是零售就需要讲究性价比、高效需求匹配、愉悦消费体验，就要回归到零售业供应链管理、品类管理、客流及客单价、盈利服务延伸、动销及坪效等基础性运营事物上。

如果做无人便利店不懂零售及其本质，那就等着失败吧。

第五章　残局：新零售的现在与未来

一、传统厂家如何转型成新零售销售型企业

问：传统企业如何转型成新零售销售型企业？

李政权答：

在过去的几十年中，零售商一次次引领了上游厂商的变革，这次的新零售运动也不会例外！

但是，我们首先需要弄清楚本处“传统企业”指的是：传统的电商企业？传统的上游厂家？传统的代理商与经销商……不同的传统企业转型成新零售销售类型的企业，是存在一定甚至巨大差异的！

好了，点兵点将，姑且就将本处的“传统企业”界定为上游的厂家吧，诸如娃哈哈、统一、康师傅、恒安集团。

这些传统企业要转型成新零售销售企业，有几点必须做到。

1. 对新零售做出准确的判断：抓住关键认知，行动

如果你认为新零售只不过是虚头巴脑的概念，那你就别想所谓新零售转型的问题了，继续“看不起”吧，但是我相信，多数人不是“看不起”，而是“看不清”。

如果我们要转型成为新零售销售企业，就努力去看清新零售吧！

什么是新零售？

各门各派的解释非常多，在我的概念中，新零售就是一场重构消费用户关系与更彻底地释放消费用户人性及其需求的运动。

如何重构与释放？

通过消费场景重构与消费体验提升，更多触点触发消费用户购买与愉悦消费问题；通过大数据、互联网及人工智能等新商业技术的运用，以及基于此的供应链、货品、卖场、配送等方面的背后变革，指导、匹配与解决消费场景重构及消费体验提升问题；通过互联网、二维码、FRID、重力传感器、摄像头、支付宝或微信支付等数据探头及数据沉淀渠道，以及通过模型、算法及机器学习等解决大数据采集、管理与分析应用等问题；

通过线上、线下融合，解决互联网、移动互联网用户红利消失与消费用户消费渠道全渠道化趋势问题（这也是为什么新零售是线上互联网企业发起与主导的核心原因之一）；通过线下实体店及其商品的数字化、线上化，解决线上、线下融合的问题。

可以说在用户重构与需求释放的运动中，各种环节及因素是环环相套、步步关联的。

但是，对多数企业来讲，没必要去理解这么多云里雾里的东西，只要记住几个关键词就好：

第一，消费场景重构；

第二，消费体验提升；

第三，数字化、线上化。

从中找到自己和零售商们在新零售运动中和这几个关键词相关联、相契合、相匹配的，属于我们的变革措施及动作，比如对我们的产品进行数字化改造和场景化升级。

2. 暴力最强者胜：零售商又将推动上游供应商群体发生新一轮变革，主动响应变革

从条形码、RFID 的普及使用到上游厂家的渠道扁平化运动，离消费用户最近的零售商倒逼推动厂家发生了一轮又一轮的变革。这次的新零售运动也会一样。

这次的新零售运动，又将推动上游传统厂商发生什么样的变革呢？

消费场景要重构，消费体验要提升，往前要能追溯，往后要能有享用后的体验引导，中间还要有代入感等，场景重构与体验提升革命，这些全靠零售商自己搞定？

想得美！不“压榨”供应商，不引导甚至逼迫供应商做出对应的场景与体验革命，那就不叫家乐福、不叫大润发、不叫永辉了。

随着互联网及大数据的深入介入与使用，能够对消费用户的个性化消费行为及偏好进行更深入地洞察，如何满足个性化之下，单一时间段需求又相对小批量的需求，同样会成为零售商发掘、追求的东西。个性化需求革命给上游厂商带来的问题：如何进行小批量定制产品的工业化生产及配送？

正是因为有了大数据和互联网的基础，现在零售商有可能针对更加细分的群体，比如他们可能是一家公司、一家人甚至是一个人，针对性推出促销活动。这样的促销革命势必会推动上游厂商的促销形式、促销协作、促销兜底等发生变革。

其实，新零售对上游厂商带来的对应变革可能还蛮多的。

要更好地洞察它，最好的方式就是去观察零售商们与我们直接关联的新零售动作，就是通过消费用户的消费链与消费决策过程去洞察新零售重塑中可能被利用并可能与我们直接关联的部分。

而后，行动！

3. 认清自身定位：大多数企业都是被规则制定者带着玩的，但也有自己成为玩家的少数派

一个非常遗憾的局面是，绝大多数的上游厂商都不可能成为新零售运动的规则制定者，而是被新零售商家们“带着玩”甚至“逼着玩”的。也就是说，不一定非要自个儿去琢磨什么“新零售销售”，而是主动响应、提前准备，乃至先人一步跟着新零售商们的动作行动，也就转成所谓的“新零售销售型”企业了。这是一个有些无奈但又必须接受的现实。

当然，这个世界也还是有既有规划又有实力的少数派，它们拒绝成为被人“逼着玩”的，而希望并可能逆袭成为某个玩家俱乐部的玩家。这时候，这些少数派通过品类或者是创新业态切入新零售市场，与零售商一起弄潮，也差不多应该行动了。

二、经销商如何反转颓势为借势发展

问：经销商如何在新零售浪潮中借势升级与发展？

李政权答：

要想有效地讨论传统的经销商群体如何在新零售浪

潮中借势升级与发展，首先就要弄明白几个问题。

其一，对经销商而言，新零售有何势可借?

新零售巨头们在用线上零售蚕食线下零售，红利期衰减的时候，又通过积极推进线上、线下零售融合的新零售，直接切入线下零售，继续蚕食与瓜分中国市场的零售份额与消费者们收入支出的消费经济的蛋糕。

在这个过程中，它们在牵引中国市场消费者及其消费行为的线上化、数字化之后，又开始携流量、消费者资源及其大数据、互联网平台及技术等，着力推进线下实体零售的线上化与数字化改造。

换句话讲，经销商所面临的客户群体也正在新零售中发生深刻的变革。比如站队加入阿里巴巴系或者是京东，甚至因此带动了零售市场连锁率的提高；一些实体零售客户开始养成通过线上平台下订单的习惯，不再是等着厂家或经销商的业务员上门开单；越来越多的实体零售店开始入驻京东到家、美团、饿了么，对消费者偏向了“全渠道”的触达等。

新零售巨头们不遗余力地拉进大小实体零售之势，实体零售线上化、数字化、全渠道化之势，新零售巨头与实体零售全方位触达消费者之势，都存在一定程度的供传统经销商可借势之机会。

其二，新零售还会向何处发展？

新零售巨头们正在通过线上、线下的融合把控更多消费者的更多消费。

但是，新零售巨头们的野心并不仅仅局限于此。为了更好地实现自身的新零售战略，它们会将线上的“白条”等消费金融延伸到线下自身体系内的实体零售门店；它们会整合各自商业生态内的京东到家、饿了么等为店家及消费者提供更多的到店及到家等服务；它们着力于构建一条完整和高效的供应链，比如即便仅仅是自身发展与收编的实体零售这一块，它们也会祭出上万家、十万家、数十万家实体零售终端的资源及数据，要求上游厂家直供，要求在费用支持上多一点、再多一点，在供货价上低一点、再低一点；而为了实现已控实体店或新发展实体店在坪效与经营情况上的提升，它们还会为实体店及供应商品牌提供相关的动销服务。

这些都意味着新零售正在并且还将持续进化。对传统的经销商而言，如果要想从中更好地借势升级，就不能将自己的眼光仅仅局限在新零售已经发生的事实和零售这些局部的点上，而应该着眼于新零售及新服务、新供应链及新通路的进阶式发展与 5 年后、10 年后的未来。

其三，我如何才能在岌岌可危中借势升级？

◇ 瓜分你的市场及渠道势力范围；

◇ 抢夺你的零售终端客户；

◇ 把控话语权，上溯厂家获得比你更低的供货价；

◇ 争夺厂家本就有限的，但却比你更多、更好的支持；

◇ ……

新零售巨头们，已经在新零售中抢夺了越来越多的传统经销商群体的传统客户，已经在通过诸如掌柜宝、零售通、供应链金融、与厂家直接合作的协同等，对经销商们产生了实实在在的，甚至是越来越大的替代性威胁。

但同样也应该看到的是，B 端相对新零售巨头们所早已擅长的 C 端存在巨大的差异，比如对实体零售终端的供货价并不像 C 端一般能够轻易地“透明”比价；在服务上也不像 C 端一般，消费者或用户只要货样对版，购买使用后不出问题就不会找你，而是需要以月甚至周、天为单位持续地就条码分销、理货、补货、陈列、助销、促销等进行跟进。

这些东西显然不是一个线上订货平台就能够搞定的，并且期间牵涉大量的人、财、物及时间等方面的持续性投入。

在“消灭”与取代传统经销商群体后，再把自己做成和经销商们一样痛苦的群体？这显然不是它们的追求！

而这让经销商岌岌可危的期间，显然就蕴蓄着经销商们的新机会。

但是，机会是留给有准备的人的。接下来就让我们顺承上述分析，继续讨论经销商们如何在新零售中自处，或如何借势升级与发展。

1. 从“二传手”与“作嫁衣”的渠道商思维转零售、新零售思维

传统的经销商大都在以“二传手”的思维倒腾货，在以“作嫁衣”的思维配合厂家与品牌运营商经营。新零售时代，这些思维要向零售与新零售思维升级，要更多地以新零售商，尤其是阿里巴巴、京东等新零售巨头的新零售思维及布局，来思考自己将会在这个新的体系中何以自处和走向何处，找到更多能够结合的帮助自己转型升级的东西，比如如何在新零售时代调整自己的定位。

在传统的价值链条中，经销商群体更多承担的是资金提供者、仓储配送者、分销者等方面的角色。而在新零售时代，一些功能价值正在被新零售巨头们淡化、蚕

食与替代，期间有哪些价值依然对上游的厂家与品牌运营商充满吸引力而不可或缺；又有哪些价值是新零售们所难以替代的，甚至于对它们也是缺少的和需要强化的；还有哪些价值对实体零售客户们依然是难以找到替代者并受欢迎的。

当我们想明白这些问题的时候，我们就能及时调整自己在新时代的角色与定位，并调整自身的资源配置和布局方向，强化提升自己在相应方面的能力。

2. 结合终端客户群体线上化、数字化，加快自身的线上化、数字化升级

比如将终端客户和自身的业务员、仓储配送人员及相应工作节点与环节，装进“（手机）屏里”，增加触点、缩短沟通距离与服务流程，“零距离”发起与响应对自己人和客户的服务。

对经销商中的一些“大商”而言，他们已经做包括以上方面的B端电商平台，但是从新零售的发展及长远看来，我认为这些区域性的平台迟早都会面临要么死、要么投靠阿里巴巴或京东等巨头的抉择，很难有大的发展与出路。

因为B端电商不相信区域限制，只讲“暴力”——阿里巴巴、京东等全国性的大平台肯定会因为全国性的市场覆盖能力，以及纵深到五级、六级市场的

渗透能力，会因为手上掌握的多得多的实体店客户及其消费者资源与数据，会因为从厂家与品牌运营商处强取豪夺到的更低价格、更多费用，会因为供应链条中更多最上游厂家与品牌运营商的投靠等，而让中国市场的 B 端电商走向由少数几家垄断的局面。

从而会让巨头们走向食物链的顶端，但是对于中国市场这片 960 万平方公里的辽阔土地，以及这片土地上从一线纵深到六线、七线市场的六七百万实体零售终端门店与它们的消费者而言，注定新零售巨头们需要一个大的生态才能覆盖与满足。

3. 选择站队，融入一个大的生态

新零售巨头们要有更大的作为，依然难以逃脱厂家和经销商群体“区域深耕”“通路精耕”的命运。严格说来，这并不符合它们的基因，它们需要擅长做这些的新生态成员的加入，协助它们共同完成。

新零售巨头们需要更小的划分市场单元，以更小单元市场的仓库和配送设置快速响应与解决散点式分布的实体店等 B 端客户的需求及服务，它们同样有必要整合有实体终端网点资源、有仓库、有车辆、有人的传统经销商群体为其所用。

所有这些或者是与此相关的因素，都意味着阿里巴巴、京东等新零售巨头们不仅在收编实体店客户，还在

整合之前服务这些店的供应商群体及其仓储、配送和人力等资源。

经销商群体通过选择站队加入它们，既能更好地认清新零售、新通路的发展，也能从“让自己活下来的战略”合作中寻找未来升级路径，从而修炼、进化出自身与时俱进的新的竞争力。

尽管有些无奈，但也不失为一个选项。

4. 加入共享营销的队伍，并强化自己营销服务的能力

新零售巨头们不仅在不遗余力地收编与整合实体店客户，还在强化乃至试图扩大自己向这些实体店客户的供货范围及比例，这既在抢经销商的饭碗，也给经销商的转型升级间接创造出一些新的方向。

比如又是庞大的地勤人员去展店、分销、促销，又是五险一金的，新零售巨头们不可能维持与长期维持庞大的业务员队伍，但是前面讲到的那些苦活、累活、脏活却又需要人去干。这时候，有业务员、有促销员、有车、有仓库的经销商，就可以像我们在前面所讨论过的一样，加入到新零售巨头们的社会化分包协作的队伍，乃至通过更多的有关共享招商、共享终端及消费者促销推广执行等，成为“共享营销”的新经销商。

但是，经销商也需要因此强化自身的相关营销服务能力。与此同时，我依然想强调一次我的一个观点：那就是未来不再需要那么多的经销商与批发商了。

三、实体店如何理解人、货、场重构，拥抱新零售思维

问：新零售时代下，实体店该如何拥抱新零售思维？

李政权答：

新零售思维中非常重要的几个字就是人、货、场的重构，对应着零售这门生意背后的生意逻辑的重构。

对没有太大“野心”的实体店来讲，抓住这三个字做文章就够了。

1. 所谓人的重构，核心就是消费者即顾客群体的重构

我们知道，传统的实体店对周边顾客的辐射半径比较有限，但现在不一样，通过实体店的数字化和线上化，我们可以解决顾客线上、线下渠道无差别购买的问题；通过小程序等技术及互联网化平台及工具，我们可以将传统意义上的顾客进行数字化沉淀，并进行更有效

的顾客分层及画像，进行更有效的需求洞察；通过实体店的平台化运营，通过到家配送服务，我们可以做针对传统辐射半径外的人群的生意；通过类似便当、餐饮、堂食、加工等更多服务的引入，我们可以吸引更多的人成为我们的顾客；通过顾客群体需求的更直观和更明确的数字化反馈，我们可以反过来调整自己的货品结构等。

2. 所谓货的重构，核心就是对顾客需求满足逻辑及供应链的重构

在以前的实体店时代，我们卖什么，顾客才能买到什么，但是现在因为更多有关消费大数据的指引，会有更多的货品逆转方向实现顾客需求什么，我就为他们备好什么。

在以前的实体店时代，我们为卖而卖，从货品到服务核心突出和讲究的就是赤裸裸的售卖，但是现在对体验、场景营造的更加重视和体现，则让我们的售卖或者顾客的购买变得“软性”，但同样也更有黏度和更多关联消费的可能。

在以前的实体店时代，我们的供应链体系是相对单一的。之所以说“单一”，是因为这里所谓的供应链更多指的是货品的供应链体系，而现在的供应链不再是以实体店为终点，而是以消费者、以顾客为终点（即发展成为消费供应链）。那些类似京东到家等提供到家配送的商业力量，乃至于我们自己的送货上门，都成为满足顾客需求的这条供应链上的重要组成部分。之前，实体店强调价格话语权、定价权、费用、利润、订单满足率等，未来我们还是会强调，但同时会强调的还有：个性化需求的小规模采购和定制，通过预售、众筹等发售的"期货"而非现货，类似生鲜之类的传统意义下的更多的非标准化货品等，这会让实体店突破传统的面积、货架、货的概念。

3. 所谓场的重构，核心就是关于消费场景和消费体验的重构

在之前，实体店的售卖场景往往就对应着顾客的消费场景，你是什么样的卖场氛围、货架陈列、店员素质、结账体验，消费者的消费场景、消费体验就是什么样。

但是，现在消费及售卖场景已经突破了传统的场的概念，并且出现几个延伸。

第一，由中间的售卖场景向前端的货品或服务追溯场景，向后端的离开卖场的消费使用体验场景延伸。

第二，由顾客在某家实体店购买消费的场景，或者是某品牌商品在包装上诱导消费的场景，向在家里、运动休闲场所、景点……消费触发场景延伸，这给有转变

驱动力的实体店提出了更多需求的场景压力。

第三，消费者消费力场从线下到线上，从 PC 端到移动端，从线下或线上到线上、线下的融合，近些年一直处于变化中，实体店的货品之场、售卖之场，需要去适应这些变化，不能是顾客消费力场、消费渠道迁移了，你还看不见、还不行动。可以说，这些年实体店不好过，就有这个因素在发生重要作用。

四、新零售环境下，商家如何打造顾客价值

问：新零售环境下，商家该如何打造顾客价值？

李政权答：

商业就是一场价值交换的运动，要获取顾客价值就要给予顾客价值。

1. 我们要弄清楚什么是顾客价值

我的定义是，顾客通过消费及其他主动或者是被动参与商家经营的行为所贡献的价值，这些价值除了现金流和利润价值外，还包括数据价值、估值价值，以及指导和改善商家经营行为的价值等。

与此对应的是，商家要获取顾客价值就要向顾客回馈消费价值。

2. 新零售环境下，打造顾客价值的策略与方式

新零售时代的顾客价值打造的几个方向。

其一，结合全消费行为过程链打造。

顾客们的消费行为从需求认知、需求激发开始都有一条完整的消费行为过程链条。这个链条上的每一个环节，都是商家可以结合自身情况开展顾客价值打造的——每一个环节亦是触发顾客价值与商家提供的消费价值的触点。

其二，多场景打造。

在新零售中强调场景与体验，对商家来讲，仅仅通过顾客进入卖场后的售卖场景来挖掘和实施顾客价值体系，越来越不合时宜。

商家场景的营造与实施，早已偏离了场内和售卖这个环节，并向前、后纵深延伸。而这个前、中、后的场景链条，以及这个链条各个环节上的场景点位，正是商家实施顾客价值工程的重要战场。

其三，营造服务生态体系打造。

在新零售环境下，仅仅凭借商家的一己之力，越来越搞不定顾客，以及越来越不足以打造、挖掘、经营及管理好顾客价值。这时候，有一个涉及顾客本身，以及服务好顾客的服务生态体系就显得非常重要了。

比如到家配送商，不能仅仅依靠“购物满 180 元，周边三公里内免费送到家”的门槛，以及仅仅使用自身需要 24 小时才能帮顾客配送到家的配送力量来开展配送服务，给顾客更多的可选项，整合美团、饿了么，或者是其他同城配送力量来提供更快速优质的服务，就是你需要改进的东西。

也就是说，我们需要努力建立和经营顾客价值的服务生态体系，整合共同的力量，来服务可能是彼此同一群体的顾客。

其四，资源始终是有限的，围绕你的核心顾客打造顾客价值吧。

20% 的典型顾客可能会为你贡献 80% 的销量，甚至是 2% 的核心顾客都可能为你贡献 30% ~40% 的业绩。把这些核心顾客的个性化特征及标签找出来吧，在顾客关系维护及其投入上向他们偏斜，我们的顾客价值打造就会更加有效。

其五，着眼于顾客全生命周期、全场景消费的顾客价值挖掘与经营。

基于移动互联网、移动终端、大数据、物联网等平台及技术条件的顾客关系服务，有的已经很成熟、有的开始变得更可行、有的正在成型，用它们来服务自己挖掘和经营自身顾客的全生命周期价值与全场景消费价值，是每一个有识商家在新零售时代的共同课题。

后　记

消费者与用户再次被重组。

一位任职在线儿童教育市场某头部企业高管的网友，专程从北京飞过来与我探讨有关新零售的未来、商业的未来。

我们从下午的2点聊到了晚上9点多，我把其中可以公开的内容分享在最后，权当本书的后记。

一、新零售是一场再次重组消费者与用户的运动

我一直有一个观点：当商业进入由互联网加持的时代，最可能成功的商业模式、最有效的商业路径，就是能够重组产行业最末端消费者与用户的商业模式及商业路径。在仿若昨天的过去，中国的商业零售市场已经发生了两次大规模的消费迁移及其消费者与用户的重组事件。第一次，消费从线下实体店向线上PC端迁移，阿里巴巴、京东将大家重组到了淘宝、天猫还

有京东商城，改变了中国市场的商业零售格局；第二次，消费由 PC 端向移动端迁移，拼多多依托移动端天然的社交属性，通过社交拼团等方式，将低线市场的消费者与用户，从强敌环伺的市场中重组到了自己的平台上。

新零售是又一场、再一次重组消费者与用户的运动，并且带有进一步激发与更好地满足人性及消费需求的强烈特征。

二、未来是灰色而又色彩斑斓的

之所以是灰色的，是因为在大快消、大健康、大日化等主流的消费领域，是真的难以看到小玩家能壮大、新玩家能发展好、能突围而出的机会。这些机会是谁的？它是阿里巴巴的、是腾讯的、是京东的，甚至是苏宁的。

之所以是色彩斑斓的，是因为新零售在重组及其释放消费者与用户人性及需求的运动中，在不断地释放出有关体验、场景、大数据及商业技术等方面的魅力，并且几乎让所有我们日常能接触到的产行业都开始呈现出泛零售化的重构机会。

三、让消费者与用户得到更多实惠的更新的时代正在到来

在线下消费向线上 PC 端迁移、在 PC 端消费向移动端消费迁移的过程中，消费者和用户们都曾享受到多、快、好、省的实惠。但当线上、线下融合的新零售时代到来之后，在支付端、购买场景端、配送端等方面之外，消费者和用户们还没有普遍而明显地享受到新零售所带来的实惠。

随着大家将销售供应链转变为消费供应链，以及上溯流通通路端去中间化、上溯生产制造端开展数字化、线上化，一个更匹配新零售、新消费的供应链体系正在建立起来，也就是说上述的那个情况，在不远的将来一定会得到改变。

这意味着一个有关新零售迭代、升级的更新时代正在到来。

请让我们继续往前看！

推荐作者得新书！

博瑞森征稿启事

亲爱的读者朋友：

感谢您选择了博瑞森图书！希望您手中的这本书能给您带来实实在在的帮助！

博瑞森一直致力于发掘好作者、好内容，希望能把您最需要的思想、方法，一字一句地交到您手中，成为管理知识与管理实践的桥梁。

但是我们也知道，有很多深入企业一线、经验丰富、乐于分享的优秀专家，或者忙于实战没时间，或者缺少专业的写作指导和便捷的出版途径，只能茫然以待……

还有很多在竞争大潮中坚守的企业，有着异常宝贵的实践经验和独特的洞察，但缺少专业的记录和整理者，无法让企业的经验和故事被更多的人了解、学习……

对读者而言，这些都太遗憾了！

博瑞森非常希望能将这些埋藏的“宝藏”发掘出来，贡献给广大读者，让更多的人从中受益。

所以，我们真心地邀请您，我们的老读者，帮我们搜寻：

推荐作者

可以是您自己或您的朋友，只要对本土管理有实践、有思考；可以是您通过网络、杂志、书籍或其他途径了解的某位专家，不管名气大小，只要他的思想和方法曾让您深受启发。

可以是管理类作品，也可以超出管理，各类优秀的社科作品或学术作品。

推荐企业

可以是您自己所在的企业，或者是您熟悉的某家企业，其创业过程、运营经历、产品研发、机制创新，等等。无论企业大小，只要乐于分享、有值得借鉴书写之处。

总之，好内容就是一切！

博瑞森绝非“自费出书”，出版费用完全由我们承担。您推荐的作者或企业案例一经采用，我们会立刻向您赠送书币 1000 元，可直接换取任何博瑞森图书的纸书或电子书。

感谢您对本土管理原创、博瑞森图书的支持！

推荐投稿邮箱：bookgood@126.com　　推荐手机：13611149991

1120 本土管理实践与创新论坛

这是由100多位本土管理专家联合创立的企业管理实践学术交流组织，旨在孵化本土管理思想、促进企业管理实践、加强专家间交流与协作。

论坛每年集中力量办好两件大事：第一，**“出一本书”**，汇聚一年的思考和实践，把最原创、最前沿、最实战的内容集结成册，贡献给读者；第二，**“办一次会”**，每年11月20日本土管理专家们汇聚一堂，碰撞思想、研讨案例、交流切磋、回馈社会。

论坛理事名单（以年龄为序，以示传承之意）

余伟辉	李小勇	苗庆显	孙　巍	陈继展	全怀周	林延君
王清华	初勇钢	陈　锐	高继中	聂志新	黄　屹	沈　拓
徐伟泽	潦　寒	谭洪华	崔自三	王玉荣	蒋　军	侯军伟
黄润霖	朱伟杰	金国华	吴　之	葛新红	周　剑	崔海鹏
李治江	陈海超	柏　龑	唐道明	刘书生	朱志明	曲宗恺
杜　忠	黄渊明	王献永	范月明	吕　林	刘文新	赵晓萌
张　伟	韩　旭	韩友诚	熊亚柱	秦海林	孙彩军	刘　雷
贺小林	王庆云	黄　娜	俞士耀	田　军	丁　昀	张小峰
黄　磊	罗晓慧	赵海永	伏泓霖	任彭枞	梁小平	鄢圣安
马方旭	乐　涛	杨晓燕	欧阳莉华	陈　慧	张　璐	

企业案例·老板传记

	书名．作者	内容/特色	读者价值
企业案例·老板传记	**你不知道的加多宝:原市场部高管讲述** 曲宗恺　牛玮娜　著	前加多宝高管解读加多宝	全景式解读,原汁原味
	借力咨询:德邦成长背后的秘密 官同良　王祥伍　著	讲述德邦是如何借助咨询公司的力量进行自身与发展的	来自德邦内部的第一线资料,真实、珍贵,令人受益匪浅
	娃哈哈区域标杆:豫北市场营销实录 罗宏文　赵晓萌　等著	本书从区域的角度来写娃哈哈河南分公司豫北市场是怎么进行区域市场营销,成为娃哈哈全国第一大市场、全国增量第一高市场的一些操作方法	参考性、指导性,一线真实资料
	六个核桃凭什么:从 0 过 100 亿 张学军　著	首部全面揭秘养元六个核桃裂变式成长的巨著	学习优秀企业的成长路径,了解其背后的理论体系
	像六个核桃一样:打造畅销品的 36 个简明法则 王　超　范　萍　著	本书分上下两篇:包括“六个核桃”的营销战略历程和 36 条畅销法则	知名企业的战略历程极具参考价值,36 条法则提供操作方法
	解决方案营销实战案例 刘祖轲　著	用 10 个真案例讲明白什么是工业品的解决方案式营销,实战、实用	有干货、真正操作过的才能写得出来
	招招见销量的营销常识 刘文新　著	如何让每一个营销动作都直指销量	适合中小企业,看了就能用
	我们的营销真案例 联纵智达研究院　著	五芳斋粽子从区域到全国/诺贝尔瓷砖门店销量提升/利豪家具出口转内销/汤臣倍健的营销模式	选择的案例都很有代表性,实在、实操!
	中国营销战实录:令人拍案叫绝的营销真案例 联纵智达　著	51 个案例,42 家企业,38 万字,18 年,累计 2000 余人次参与……	最真实的营销案例,全是一线记录,开阔眼界
	双剑破局:沈坤营销策划案例集 沈　坤　著	双剑公司多年来的精选案例解析集,阐述了项目策划中每一个营销策略的诞生过程,策划角度和方法	一线真实案例,与众不同的策划角度令人拍案叫绝、受益匪浅
	宗:一位制造业企业家的思考 杨　涛　著	1993 年创业,引领企业平稳发展 20 多年,分享独到的心得体会	难得的一本老板分享经验的书
	简单思考:AMT 咨询创始人自述 孔祥云　著	著名咨询公司(AMT)的 CEO 创业历程中点点滴滴的经验与思考	每一位咨询人,每一位创业者和管理经营者,都值得一读
	边干边学做老板 黄中强　著	创业 20 多年的老板,有经验、能写、又愿意分享,这样的书很少	处处共鸣,帮助中小企业老板少走弯路
	三四线城市超市如何快速成长:解密甘雨亭 IBMG 国际商业管理集团　著	国内外标杆企业的经验 + 本土实践量化数据 + 操作步骤、方法	通俗易懂,行业经验丰富,宝贵的行业量化数据,关键思路和步骤
	中国首家未来超市:解密安徽乐城 IBMG 国际商业管理集团　著	本书深入挖掘了安徽乐城超市的试验案例,为零售企业未来的发展提供了一条可借鉴之路	通俗易懂,行业经验丰富,宝贵的行业量化数据,关键思路和步骤

续表

互联网＋

书名．作者		内容/特色	读者价值
互联网＋	**新营销** 刘春雄　著	新营销的新框架体系是场景是产品逻辑，IP 是品牌逻辑，社群是连接逻辑，传播是营销逻辑	助力品牌商实现由传统营销到新营销的理念和行动的跨越，助力企业打赢升级转型之仗
	企业微信营销全指导 孙　巍　著	专门给企业看到的微信营销书，手把手教企业从小白到微信营销专家	企业想学微信营销现在还不晚，两眼一抹黑也不怕，有这本书就够
	企业网络营销这样做才对：B2B　大宗 B2C 张　进　著	简单直白拿来就用，各种窍门信手拈来，企业网络营销不麻烦也不用再头疼，一般人不告诉他	B2B、大宗 B2C 企业有福了，看了就能学会网络营销
	互联网时代的银行转型 韩友诚　著	以大量案例形式为读者全面展示和分析了银行的互联网金融转型应对之道	结合本土银行转型发展案例的书籍
	正在发生的转型升级·实践 本土管理实践与创新论坛　著	企业在快速变革期所展现出的管理变革新成果、新方法、新案例	重点突出对于未来企业管理相关领域的趋势研判
	触发需求：互联网新营销样本·水产 何足奇　著	传统产业都在苦闷中挣扎前行，本书通过鲜活的案例告诉你如何以需求链整合供应链，从而把大家熟知的传统行业打碎了重构、重做一遍	全是干货，值得细读学习，并且作者的理论已经经过了他亲自操刀的实践检验，效果惊人，就在书中全景展示
	移动互联新玩法：未来商业的格局和趋势 史贤龙　著	传统商业、电商、移动互联，三个世界并存，这种新格局的玩法一定要懂	看清热点的本质，把握行业先机，一本书搞定移动互联网
	微商生意经：真实再现 33 个成功案例操作全程 伏泓霖　罗晓慧　著	本书为 33 个真实案例，分享案例主人公在做微商过程中的经验教训	案例真实，有借鉴意义
	阿里巴巴实战运营——14 招玩转诚信通 聂志新　著	本书主要介绍阿里巴巴诚信通的十四个基本推广操作，从而帮助使用诚信通的用户及企业更好地提升业绩	基本操作，很多可以边学边用，简单易学
	互联网精准营销：创造爆发式的商业价值 蒋　军　著	怎么在互联网时代整体策划、包装品牌和产品，并在此基础上为企业设计商业模式，技术实现并运营落地	为有基础的小微企业（大企业的新项目）1 年实现销售额过亿，2 年对接资本，3 年左右准 IPO
	今后这样做品牌：移动互联时代的品牌营销策略 蒋　军　著	与移动互联紧密结合，告诉你老方法还能不能用，新方法怎么用	今后这样做品牌就对了
	互联网＋“变”与“不变”：本土管理实践与创新论坛集萃·2016 本土管理实践与创新论坛　著	本土管理领域正在产生自己独特的理论和模式，尤其在移动互联时代，有很多新课题需要本土专家们一起研究	帮助读者拓宽眼界、突破思维

续表

互联网+	**创造增量市场：传统企业互联网转型之道** 刘红明　著	传统企业需要用互联网思维去创造增量，而不是用电子商务去转移传统业务的存量	教你怎么在“互联网+”的海洋中创造实实在在的增量
	重生战略：移动互联网和大数据时代的转型法则 沈　拓　著	在移动互联网和大数据时代，传统企业转型如同生命体打算与再造，称之为“重生战略”	帮助企业认清移动互联网环境下的变化和应对之道
	画出公司的互联网进化路线图：用互联网思维重塑产品、客户和价值 李　蓓　著	18个问题帮助企业一步步梳理出互联网转型思路	思路清晰、案例丰富，非常有启发性
	7个转变，让公司3年胜出 李　蓓　著	消费者主权时代，企业该怎么办	这就是互联网思维，老板有能这样想，肯定倒不了
	跳出同质思维，从跟随到领先 郭　剑　著	66个精彩案例剖析，帮助老板突破行业长期思维惯性	做企业竟然有这么多玩法，开眼界

行业类：零售、白酒、食品/快消品、农业、医药、建材家居等

	书名．作者	内容/特色	读者价值
零售·超市·餐饮·服装	**总部有多强大，门店就能走多远** IBMG 国际商业管理集团　著	如何把总部做强，成为门店的坚实后盾	了解总部建设的方法与经验
	超市卖场定价策略与品类管理 IBMG 国际商业管理集团　著	超市定价策略与品类管理实操案例和方法	拿来就能用的理论和工具
	连锁零售企业招聘与培训破解之道 IBMG 国际商业管理集团　著	围绕零售企业组织架构、培训体系建设等内容进行深刻探讨	破解人才发现和培养瓶颈的关键点
	中国首家未来超市：解密安徽乐城 IBMG 国际商业管理集团　著	介绍了乐城作为中国首家未来超市从无到有的传奇经历	了解新型零售超市的运作方式及管理特色
	三四线城市超市如何快速成长：解密甘雨亭 IBMG 国际商业管理集团　著	揭秘一家三四线连锁超市的经验策略	不但可以欣赏它的优点，而且可以学会它成功的方法
	涨价也能卖到翻 村松达夫　【日】	提升客单价的15种实用、有效的方法	日本企业在这方面非常值得学习和借鉴
	移动互联下的超市升级 联商网专栏频道　著	深度解析超市转型升级重点	帮助零售企业把握全局、看清方向
	手把手教你做专业督导：专卖店、连锁店 熊亚柱　著	从督导的职能、作用，在工作中需要的专业技能、方法，都提供了详细的解读和训练办法，同时附有大量的表单工具	无论是店铺需要统一培训，还是个人想成为优秀的督导，有这一本就够了
	百货零售全渠道营销策略 陈继展　著	没有照本宣科、说教式的絮叨，只有笔者对行业的认知与理解，庖丁解牛式的逐项解析、展开	通俗易懂，花极少的时间快速掌握该领域的知识及趋势

续表

零售·超市·餐饮·服装	**零售:把客流变成购买力** 丁 昀 著	如何通过不断升级产品和体验式服务来经营客流	如何进行体验营销,国外的好经营,这方面有启发
	餐饮企业经营策略第一书 吴 坚 著	分别从产品、顾客、市场、盈利模式等几个方面,对现阶段餐饮企业的发展提出策略和思路	第一本专业的、高端的餐饮企业经营指导书
	电影院的下一个黄金十年:开发·差异化·案例 李保煜 著	对目前电影院市场存大的问题及如何解决进行了探讨与解读	多角度了解电影院运营方式及代表性案例
	赚不赚钱靠店长:从懂管理到会经营 孙彩军 著	通过生动的案例来进行剖析,注重门店管理细节方面的能力提升	帮助终端门店店长在管理门店的过程中实现经营思路的拓展与突破
耐消品	**商用车经销商运营实战** 杜建君 王朝阳 章晓青 等著	从管理到经营,从销售到服务,系统化运作全指导	为经销商经营开阔思路,掌握方法
	汽车配件这样卖:汽车后市场销售秘诀100条 俞士耀 著	汽配销售业务员必读,手把手教授最实用的方法,轻松得来好业绩	快速上岗,专业实效,业绩无忧
	跟行业老手学经销商开发与管理:家电、耐消品、建材家居 黄润霖 著	全部来源于经销商管理的一线问题,作者用丰富的经验将每一个问题落实到最便捷快速的操作方法上去	书中每一个问题都是普通营销人亲口提出的,这些问题你也会遇到,作者进行的解答则精彩实用
白酒	**酒水饮料快消品餐饮渠道营销手册** 朱伟杰 著	主要针对快消品(酒水、饮料)的餐饮渠道,提供了区域、商圈、不同业态的规划和促销安排等多种工具,并提出了经销商、批发商等相关人员的管理方法	一本酒水饮料如何在餐饮渠道销售的全能手册,内容深入翔实,可以直接照搬套用,这样的便利简直千金不换
	白酒到底如何卖 赵海永 著	以市场实战为主,多层次、全方位、多角度地阐释了白酒一线市场操作的最新模式和方法,接地气	实操性强,37个方法、6大案例帮你成功卖酒
	变局下的白酒企业重构 杨永华 著	帮助白酒企业从产业视角看清趋势,找准位置,实现弯道超车的书	行业内企业要减少90%,自己在什么位置,怎么做,都清楚了
	1. 白酒营销的第一本书(升级版) **2. 白酒经销商的第一本书** 唐江华 著	华泽集团湖南开口笑公司品牌部长,擅长酒类新品推广、新市场拓展	扎根一线,实战
	区域型白酒企业营销必胜法则 朱志明 著	为区域型白酒企业提供35条必胜法则,在竞争中赢销的葵花宝典	丰富的一线经验和深厚积累,实操实用
	10步成功运作白酒区域市场 朱志明 著	白酒区域操盘者必备,掌握区域市场运作的战略、战术、兵法	在区域市场的攻伐防守中运筹帷幄,立于不败之地
	酒业转型大时代:微酒精选2014-2015 微酒 主编	本书分为五个部分:当年大事件、那些酒业营销工具、微酒独立策划、业内大调查和十大经典案例	了解行业新动态、新观点,学习营销方法

续表

快消品·食品	**中国快消品营销的这些年** 史贤龙　著	作者精华文章的合集，一本书浓缩了过去十五年，中国营销的实战历程与前沿思考	快消品营销行业的案例和方法都原汁原味呈现，在反映当时风貌的同时，展望与反思
	营销中国茶：2 小时读懂茶叶营销 史贤龙　著	从不同视角对中国的茶营销进行了思考，内容涉及中国茶产业战略困境、茶企规模化、茶品牌崛起、茶文化、茶营销、茶消费、茶零售、茶道等	内容丰富扎实，文字流畅，浓缩的都是精华，让你 2 小时读懂茶叶营销
	这样打造快消品标杆市场 罗宏文　著	帮助你解决如何成功打造标杆市场和进行持续增量管理两大问题	一套系统的方法论，通俗易懂，可以直接套用
	5 小时读懂快消品营销：中国快消品案例观察 陈海超　著	多年营销经验的一线老手把案例掰开了、揉碎了，从中得出的各种手段和方法给读者以帮助和启发	营销那些事儿的个中秘辛，求人还不一定告诉你，这本书里就有
	快消品招商的第一本书：从入门到精通 刘　雷　著	深入浅出，不说废话，有工具方法，通俗易懂	让零基础的招商新人快速学习书中最实用的招商技能，成长为骨干人才
	乳业营销第一书 侯军伟　著	对区域乳品企业生存发展关键性问题的梳理	唯一的区域乳业营销书，区域乳品企业一定要看
	食用油营销第一书 余　盛　著	10 多年油脂企业工作经验，从行业到具体实操	食用油行业第一书，当之无愧
	中国茶叶营销第一书 柏　龑　著	如何跳出茶行业“大文化小产业”的困境，作者给出了自己的观察和思考	不是传统做茶的思路，而是现在商业做茶的思路
	调味品营销第一书 陈小龙　著	国内唯一一本调味品营销的书	唯一的调味品营销的书，调味品的从业者一定要看
	快消品营销人的第一本书：从入门到精通 刘　雷　伯建新　著	快消行业必读书，从入门到专业	深入细致，易学易懂
	变局下的快消品营销实战策略 杨永华　著	通胀了，成本增加，如何从被动应战变成主动的“系统战”	作者对快消品行业非常熟悉、非常实战
	快消品经销商如何快速做大 杨永华　著	本书完全从实战的角度，评述现象，解析误区，揭示原理，传授方法	为转型期的经销商提供了解决思路，指出了发展方向
	一位销售经理的工作心得 蒋　军　著	一线营销管理人员想提升业绩却无从下手时，可以看看这本书	一线的真实感悟
	快消品营销：一位销售经理的工作心得 2 蒋　军　著	快消品、食品饮料营销的经验之谈，重点图书	来源与实战的精华总结
	快消品营销与渠道管理 谭长春　著	将快消品标杆企业渠道管理的经验和方法分享出来	可口可乐、华润的一些具体的渠道管理经验，实战
	成为优秀的快消品区域经理（升级版） 伯建新　著	用“怎么办”分析区域经理的工作关键点，增加 30% 全新内容，更贴近环境变化	可以作为区域经理的“速成催化器”

续表

快消品·食品	**销售轨迹：一位快消品营销总监的拼搏之路** 秦国伟　著	本书讲述了一个普通销售员打拼成为跨国企业营销总监的真实奋斗历程	激励人心，给广大销售员以力量和鼓舞
	快消老手都在这样做：区域经理操盘锦囊 方　刚　著	非常接地气，全是多年沉淀下来的干货，丰富的一线经验和实操方法不可多得	在市场摸爬滚打的"老油条"，那些独家绝招妙招一般你问都是问不来的
	动销四维：全程辅导与新品上市 高继中　著	从产品、渠道、促销和新品上市详细讲解提高动销的具体方法，总结作者18年的快消品行业经验，方法实操	内容全面系统，方法实操
农业	**新农资如何换道超车** 刘祖轲　等著	从农业产业化、互联网转型、行业营销与经营突破四个方面阐述如何让农资企业占领先机、提前布局	南方略专家告诉你如何应对资源浪费、生产效率低下、产能严重过剩、价格与价值严重扭曲等
	中国牧场管理实战：畜牧业、乳业必读 黄剑黎　著	本书不仅提供了来自一线的实际经验，还收入了丰富的工具文档与表单	填补空白的行业必读作品
	中小农业企业品牌战法 韩　旭　著	将中小农业企业品牌建设的方法，从理论讲到实践，具有指导性	全面把握品牌规划，传播推广，落地执行的具体措施
	农资营销实战全指导 张　博　著	农资如何向"深度营销"转型，从理论到实践进行系统剖析，经验资深	朴实、使用！不可多得的农资营销实战指导
	农产品营销第一书 胡浪球　著	从农业企业战略到市场开拓、营销、品牌、模式等	来源于实践中的思考，有启发
	变局下的农牧企业9大成长策略 彭志雄　著	食品安全、纵向延伸、横向联合、品牌建设……	唯一的农牧企业经营实操的书，农牧企业一定要看
医药	**在中国，医药营销这样做：时代方略精选文集** 段继东　主编	专注于医药营销咨询15年，将医药营销方法的精华文章合编，深入全面	可谓医药营销领域的顶尖著作，医药界读者的必读书
	医药新营销：制药企业、医药商业企业营销模式转型 史立臣　著	医药生产企业和商业企业在新环境下如何做营销？老方法还有没有用？如何寻找新方法？新方法怎么用？本书给你答案	内容非常现实接地气，踏实谈问题说方法
	医药企业转型升级战略 史立臣　著	药企转型升级有5大途径，并给出落地步骤及风险控制方法	实操性强，有作者个人经验总结及分析
	新医改下的医药营销与团队管理 史立臣　著	探讨新医改对医药行业的系列影响和医药团队管理	帮助理清思路，有一个框架
	医药营销与处方药学术推广 马宝琳　著	如何用医学策划把"平民产品"变成"明星产品"	有真货、讲真话的作者，堪称处方药营销的经典！
	医药行业大洗牌与药企创新 林延君　沈　斌　著	一方面，围绕着变革，多角度阐述药企的应对之道；另一方面，紧扣实践，介绍近百家医药企业创新实践案例	医改变革10年，医药企业如何应对大洗牌？重磅出击的药企人必读书
	新医改了，药店就要这样开 尚　锋　著	药店经营、管理、营销全攻略	有很强的实战性和可操作性

续表

医药	**电商来了，实体药店如何突围** 尚　锋　著	电商崛起，药店该如何突围？本书从促销、会员服务、专业性、客单价等多重角度给出了指导方向	实战攻略，拿来就能用
医药	**OTC 医药代表药店销售 36 计** 鄢圣安　著	以《三十六计》为线，写 OTC 医药代表向药店销售的一些技巧与策略	案例丰富，生动真实，实操性强
医药	**OTC 医药代表药店开发与维护** 鄢圣安　著	要做到一名专业的医药代表，需要做什么、准备什么、知识储备、操作技巧等	医药代表药店拜访的指导手册，手把手教你快速上手
医药	**引爆药店成交率 1：店员导购实战** 范月明　著	一本书解决药店导购所有难题	情景化、真实化、实战化
医药	**引爆药店成交率 2：经营落地实战** 范月明　著	最接地气的经营方法全指导	揭示了药店经营的几类关键问题
医药	**引爆药店成交率：专业化销售解决方案** 范月明　著	药品搭配分析与关联销售	为药店人专业化助力
医药	**处方药零售这样做** 田　军　著	阐述了处方药零售的重要性，以及做处方药零售市场的具体措施和方法	系统性了解和掌握处方药零售方法
建材家居	**成为最赚钱的家具建材经销商** 李治江　著	从销售模式、产品、门店等老板们最关注和最需要的方面解决问题、提供方法	只要你是建材、家具、家居用品的经销商老板，这就是一本必读的书
建材家居	**家具行业操盘手** 王献永　著	家具行业问题的终结者	解决了干家具还有没有前途？为什么同城多店的家具经销商很难做大做强等问题
建材家居	**建材家居营销：除了促销还能做什么** 孙嘉晖　著	一线老手的深度思考，告诉你在建材家居营销模式基本停滞的今天，除了促销，营销还能怎么做	给你的想法一场革命
建材家居	**建材家居营销实务** 程绍珊　杨鸿贵　主编	价值营销运用到建材家居，每一步都让客户增值	有自己的系统、实战
建材家居	**家居建材门店 6 力爆破** 贾同领　著	合盘道出一线品牌销量秘籍	6 力招招见血，既有招数，又有策略
建材家居	**建材家居门店销量提升** 贾同领　著	店面选址、广告投放、推广助销、空间布局、生动展示、店面运营等	门店销量提升是一个系统工程，非常系统、实战
建材家居	**10 步成为最棒的建材家居门店店长** 徐伟泽　著	实际方法易学易用，让员工能够迅速成长，成为独当一面的好店长	只要坚持这样干，一定能成为好店长
建材家居	**手把手帮建材家居导购业绩倍增：成为顶尖的门店店员** 熊亚柱　著	生动的表现形式，让普通人也能成为优秀的导购员，让门店业绩长红	读着有趣，用着简单，一本在手、业绩无忧
建材家居	**建材家居经销商实战 42 章经** 王庆云　著	告诉经销商：老板怎么当、团队怎么带、生意怎么做	忠言逆耳，看着不舒服就对了，实战总结，用一招半式就值了

续表

工业品	**销售是门专业活:B2B、工业品** 陆和平　著	销售流程就应该跟着客户的采购流程和关注点的变化向前推进,将一个完整的销售过程分成十个阶段,提供具体方法	销售不是请客吃饭拉关系,是个专业的活计!方法在手,走遍天下不愁
	解决方案营销实战案例 刘祖轲　著	用10个真案例讲明白什么是工业品的解决方案式营销,实战、实用	有干货、真正操作过的才能写得出来
	变局下的工业品企业7大机遇 叶敦明　著	产业链条的整合机会、盈利模式的复制机会、营销红利的机会、工业服务商转型机会……	工业品企业还可以这样做,思维大突破
	工业品市场部实战全指导 杜　忠　著	工业品市场部经理工作内容全指导	系统、全面、有理论、有方法,帮助工业品市场部经理更快提升专业能力
	工业品营销管理实务 李洪道　著	中国特色工业品营销体系的全面深化、工业品营销管理体系优化升级	工具更实战,案例更鲜活,内容更深化
	工业品企业如何做品牌 张东利　著	为工业品企业提供最全面的品牌建设思路	有策略、有方法、有思路、有工具
	丁兴良讲工业4.0 丁兴良　著	没有枯燥的理论和说教,用朴实直白的语言告诉你工业4.0的全貌	工业4.0是什么?本书告诉你答案
	资深大客户经理:策略准,执行狠 叶敦明　著	从业务开发、发起攻势、关系培育、职业成长四个方面,详述了大客户营销的精髓	满满的全是干货
	一切为了订单:订单驱动下的工业品营销实战 唐道明　著	其实,所有的企业都在围绕着两个字在开展全部的经营和管理工作,那就是"订单"	开发订单、满足订单、扩大订单。本书全是实操方法,字字珠玑、句句干货,教你获得营销的胜利
金融	**交易心理分析** (美)马克·道格拉斯　著 刘真如　译	作者一语道破赢家的思考方式,并提供了具体的训练方法	不愧是投资心理的第一书,绝对经典
	精品银行管理之道 崔海鹏　何　屹　主编	中小银行转型的实战经验总结	中小银行的教材很多,实战类的书很少,可以看看
	支付战争 Eric M. Jackson　著 徐　彬　王　晓　译	PayPal创业期营销官,亲身讲述PayPal从诞生到壮大到成功出售的整个历史	激烈、有趣的内幕商战故事!了解美国支付市场的风云巨变
	中外并购名著专业阅读指南 叶兴平　等著	在5000多本并购类图书中精选的200著作,在阅读的基础上写的读书评价	精挑细选200本并一一评介,省去读者挑选的烦恼,快捷、高效
	互联网时代的银行转型 韩友诚　著	以大量案例形式为读者全面展示和分析了银行的互联网金融转型应对之道	结合本土银行转型发展案例的书籍

续表

房地产	**产业园区/产业地产规划、招商、运营实战** 阎立忠　著	目前中国第一本系统解读产业园区和产业地产建设运营的实战宝典	从认知、策划、招商到运营全面了解地产策划
	人文商业地产策划 戴欣明　著	城市与商业地产战略定位的关键是不可复制性，要发现独一无二的“味道”	突破千城一面的策划困局
	电影院的下一个黄金十年：开发·差异化·案例 李保煜　著	对目前电影院市场存大的问题及如何解决进行了探讨与解读	多角度了解电影院运营方式及代表性案例
能源	**全能型班组：城市能源互联网与电力班组升级** 国网天津市电力公司　编著	借鉴国内外优秀企业的转型升级思路，通过对于新型班组组织模式和运行机制的大胆设想，力图构建充分适应内外环境变化的全能型班组	看看庞大的国企在新环境下是如何顺应时代的
	国网天津电力全能型班组建设实务 国网天津市电力公司　编著	本书聚焦于天津电力公司在探索全能型班组转型升级时的优秀实践	电力行业的班组实践，具体、可操作性强

经营类：企业如何赚钱，如何抓机会，如何突破，如何“开源”

	书名．作者	内容/特色	读者价值
抓方向	**让经营回归简单．升级版** 宋新宇　著	化繁为简抓住经营本质：战略、客户、产品、员工、成长	经典，做企业就这几个关键点！
	混沌与秩序Ⅰ：变革时代企业领先之道 **混沌与秩序Ⅱ：变革时代管理新思维** 彭剑锋　尚艳玲　主编	汇集华夏基石专家团队10年来研究成果，集中选择了其中的精华文章编纂成册	作者都是既有深厚理论积淀又有实践经验的重磅专家，为中国企业和企业家的未来提出了高屋建瓴的观点
	活系统：跟任正非学当老板 孙行健　尹　贤　著	以任正非的独到视角，教企业老板如何经营公司	看透公司经营本质，激活企业活力
	重构：快消品企业重生之道 杨永华　著	从7个角度，帮助企业实现系统性的改造	提供转型思想与方法，值得参考
	公司由小到大要过哪些坎 卢　强　著	老板手里的一张“企业成长路线图”	现在我在哪儿，未来还要走哪些路，都清楚了
	企业二次创业成功路线图 夏惊鸣　著	企业曾经抓住机会成功了，但下一步该怎么办？	企业怎样获得第二次成功，心里有个大框架了
	老板经理人双赢之道 陈　明　著	经理人怎养选平台、怎么开局，老板怎样选/育/用/留	老板生闷气，经理人牢骚大，这次知道该怎么办了
	简单思考：AMT咨询创始人自述 孔祥云　著	著名咨询公司（AMT）的CEO创业历程中点点滴滴的经验与思考	每一位咨询人，每一位创业者和管理经营者，都值得一读
	企业文化的逻辑 王祥伍　黄健江　著	为什么企业绩效如此不同，解开绩效背后的文化密码	少有的深刻，有品质，读起来很流畅
	使命驱动企业成长 高可为　著	钱能让一个人今天努力，使命能让一群人长期努力	对于想做事业的人，‘使命’是绕不过去的

续表

思维突破	**盈利原本就这么简单** 高可为　著	从财务的角度揭示企业盈利的秘密	多方面解读商业模式与盈利的关系，通俗易懂，受益匪浅
	移动互联新玩法：未来商业的格局和趋势 史贤龙　著	传统商业、电商、移动互联，三个世界并存，这种新格局的玩法一定要懂	看清热点的本质，把握行业先机，一本书搞定移动互联网
	画出公司的互联网进化路线图：用互联网思维重塑产品、客户和价值 李　蓓　著	18 个问题帮助企业一步步梳理出互联网转型思路	思路清晰、案例丰富，非常有启发性
	重生战略：移动互联网和大数据时代的转型法则 沈　拓　著	在移动互联网和大数据时代，传统企业转型如同生命体打算与再造，称之为“重生战略”	帮助企业认清移动互联网环境下的变化和应对之道
	创造增量市场：传统企业互联网转型之道 刘红明　著	传统企业需要用互联网思维去创造增量，而不是用电子商务去转移传统业务的存量	教你怎么在“互联网＋”的海洋中创造实实在在的增量
	7 个转变，让公司 3 年胜出 李　蓓　著	消费者主权时代，企业该怎么办	这就是互联网思维，老板有能这样想，肯定倒不了
	跳出同质思维，从跟随到领先 郭　剑　著	66 个精彩案例剖析，帮助老板突破行业长期思维惯性	做企业竟然有这么多玩法，开眼界
	麻烦就是需求　难题就是商机 卢根鑫　著	如何借助客户的眼睛发现商机	什么是真商机，怎么判断、怎么抓，有借鉴
	互联网＋“变”与“不变”：本土管理实践与创新论坛集萃·2016 本土管理实践与创新论坛　著	加速本土管理思想的孕育诞生，促进本土管理创新成果更好地服务企业、贡献社会	各个作者本年度最新思想，帮助读者拓宽眼界、突破思维
	消费升级：实践　研究（文集） 本土管理实践与创新论坛　著	38 位管理专家及 7 位学者的精华思想，从经营、管理、行业及思想研究四个方面阐述中国企业在消费升级下的实践与研究	思想启发，行业借鉴
财务	**写给企业家的公司与家庭财务规划——从创业成功到富足退休** 周荣辉　著	本书以企业的发展周期为主线，写各阶段企业与企业主家庭的财务规划	为读者处理人生各阶段企业与家庭的财务问题提供建议及方法，让家庭成员真正享受财富带来的益处
	互联网时代的成本观 程　翔　著	本书结合互联网时代提出了成本的多维观，揭示了多维组合成本的互联网精神和大数据特征，论述了其产生背景、实现思路和应用价值	在传统成本观下为盈利的业务，在新环境下也许就成为亏损业务。帮助管理者从新的角度来看待成本，进一步做好精益管理
	财报背后的投资机会 蒋　豹　著	以具体的公司案例分析，教你迅速看出财务报表与企业经营的关系、所反映的企业经营现状，从而找到投资机会	前四大会计所员工为读者解密财报，发现投资机会

续表

管理类:效率如何提升,如何实现经营目标,如何“节流”			
书名.作者		内容/特色	读者价值
通用管理	**让管理回归简单·升级版** 宋新宇　著	从目标、组织、决策、授权、人才和老板自己层面教你怎样做管理	帮助管理抓住管理的要害,让管理变得简单
	让经营回归简单·升级版 宋新宇　著	从战略、客户、产品、员工、成长、经营者自身等七个方面,归纳总结出简单有效的经营法则	总结出的真正优秀企业的成功之道:简单
	让用人回归简单 宋新宇　著	从用人的原则、用人的难题与误区、用人的方法和用人者的修炼四大方面,总结出适合中小企业做好人才管理工作的法则	帮助管理者抓住用人的要害,让用人变得简单
	历史深处的管理智慧1:组织建设与用人之道 刘文瑞　著	对历史之典故、政事、人事、政制进行管理解析,鉴照企业人才的选用育留	推动理论与实践的对接,实现理性与情感的渗透,用中国话语说明管理智慧
	历史深处的管理智慧2:战略决策与经营运作 刘文瑞 著	对历史之典故、政事、人事、政制进行管理解析,鉴照企业战略设计与经营实践	推动理论与实践的对接,实现理性与情感的渗透,用中国话语说明管理智慧
	历史深处的管理智慧3:领导修炼与文化素养 刘文瑞　著	对历史之典故、政事、人事、政制进行管理解析,鉴照企业领导职业能力提升与文化修养	推动理论与实践的对接,实现理性与情感的渗透,用中国话语说明管理智慧
	管理的尺度 刘文瑞　著	对管理中的种种普遍性问题进行了批评	提高把握管理尺度的能力
	管理学在中国 刘文瑞　著	系统性介绍了管理学在中国的发展和演变	了解管理学在中国的发展脉络,更清晰理解管理学的本质
	看电影,懂管理 刘文瑞　著	16部经典电影,带你感悟管理智慧	能够帮助读者放松身心,驰骋想象,在不知不觉中增长智慧
	管理:以规则驾驭人性 王春强　著	详细解读企业规则的制定方法	从人与人博弈角度提升管理的有效性
	员工心理学超级漫画版 邢　雷　著	以漫画的形式深度剖析员工心理	帮助管理者更了解员工,从而更轻松地管理员工
	老板有想法,高层有干法:企业中的将帅之道 王清华　著	深入剖析老板与高管的异同	各司其职,各行其是,相辅相成
	分股合心:股权激励这样做 段磊　周剑　著	通过丰富的案例,详细介绍了股权激励的知识和实行方法	内容丰富全面、易读易懂,了解股权激励,有这一本就够了
	边干边学做老板 黄中强　著	创业20多年的老板,有经验、能写、又愿意分享,这样的书很少	处处共鸣,帮助中小企业老板少走弯路

续表

通用管理	**成为敏感而体贴的公司** 王　涛　著	本书为作者对企业的观察和冥想的随笔记录。从生活中的一个现象入手，进而探索现象背后的本质	从全新角度认识公司
	中国企业的觉醒：正直 善良 成长 王　涛　著	围绕着企业人如何发生转化展开，对中国人、中国文化及由此导致的企业现状的观察和思考	企业除了要利润，还需要道德
	有意识的思考：轻松化解问题的7个思考习惯 王　涛　著	本书是对思想、思考过程、思考方式进行的细致观察	养成好的思考习惯，更深刻地看问题
	中国式阿米巴落地实践之从交付到交易 胡八一　著	本书主要讲述阿米巴经营会计，“从交付到交易”，这是成功实施了阿米巴的标志	阿米巴经营会计的工作是有逻辑关联的，一本书就能搞定
	中国式阿米巴落地实践之激活组织 胡八一　著	重点讲解如何科学划分阿米巴单元，阐述划分的实操要领、思路、方法、技术与工具	最大限度减少“推行风险”和“摸索成本”，利于公司成功搭建适合自身的个性化阿米巴经营体系
	中国式阿米巴落地实践之持续盈利 胡八一　著	把企业做成平台，企业才能做大（格局）；把平台做成阿米巴，企业才能做强（专业）；把阿米巴做成合伙制，企业才能做久（机制）	中国式阿米巴落地实践三部曲的最后一部，告诉你企业如何做大做强做久
	集团化企业阿米巴实战案例 初勇钢　著	一家集团化企业阿米巴实施案例	指导集团化企业系统实施阿米巴
	阿米巴经营的中国模式 李志华　著	让员工从“要我干”到“我要干”，价值量化出来	阿米巴在企业如何落地，明白思路了
	欧博心法：好管理靠修行 曾　伟　著	用佛家的智慧，深刻剖析管理问题，见解独到	如果真的有‘中国式管理’，曾老师是其中标志性人物
	领导这样点燃你的下属 孟广桥　著	领导者如何才能让员工积极主动地工作？如何让你的员工和下属保持工作的热情，自动自发？看了这本书就知道	只要你希望手下的“兵将”永远充满工作的斗志，这本书将使你获益良多
流程管理	**1. 用流程解放管理者** **2. 用流程解放管理者2** 张国祥　著	中小企业阅读的流程管理、企业规范化的书	通俗易懂，理论和实践的结合恰到好处
	跟我们学建流程体系 陈立云　著	畅销书《跟我们学做流程管理》系列，更实操，更细致，更深入	更多地分享实践，分享感悟，从实践总结出来的方法论
	人人都要懂流程 金国华　余雅丽　著	当前各企业流程管理方面最为典型的痛点现象及问题案例	通俗易懂，适合企业全员阅读

续表

质量管理	IATF16949 **质量管理体系详解与案例文件汇编：**TS16949 **转版** IATF16949：2016 谭洪华　著	针对 IATF 的新标准做了详细的解说，同时指出了一些推行中容易犯的错误，提供了大量的表单、案例	案例、表单丰富，拿来就用
	五大质量工具详解及运用案例：APQP/FMEA/PPAP/MSA/SPC 谭洪华　著	对制造业必备的五大质量工具中每个文件的制作要求、注意事项、制作流程、成功案例等进行了解读	通俗易懂、简便易行，能真正实现学以致用
	ISO9001：2015 新版质量管理体系详解与案例文件汇编 谭洪华　著	紧密围绕 2015 年新版质量管理体系文件逐条详细解读，并提供可以直接套用的案例工具，易学易上手	企业质量管理认证、内审必备
	ISO14001：2015 新版环境管理体系详解与案例文件汇编 谭洪华　著	紧密围绕 2015 年新版环境管理体系文件逐条详细解读，并提供可以直接套用的案例工具，易学易上手	企业环境管理认证、内审必备
	SA8000：2014 社会责任管理体系认证实战 吕　林　著	作者根据自己的操作经验，按认证的流程，以相关案例进行说明 SA8000 认证体系	简单，实操性强，拿来就能用
	精益质量管理实战工具 贺小林　著	制造类企业日常工作中所需要的精益管理工具的归纳整理，并进行案例操作的细致分析	可以直接参考，实际解决生产中的具体问题
战略落地	**重生——中国企业的战略转型** 施　炜　著	从前瞻和适用的角度，对中国企业战略转型的方向、路径及策略性举措提出了一些概要性的建议和意见	对企业有战略指导意义
	公司大了怎么管：从靠英雄到靠组织 AMT 金国华　著	第一次详尽阐释中国快速成长型企业的特点、问题及解决之道	帮助快速成长型企业领导及管理团队理清思路，突破瓶颈
	低效会议怎么改：每年节省一半会议成本的秘密 AMT 王玉荣　著	教你如何系统规划公司的各级会议，一本工具书	教会你科学管理会议的办法
	年初订计划，年尾有结果：战略落地七步成诗 AMT 郭晓　著	7 个步骤教会你怎么让公司制定的战略转变为行动	系统规划，有效指导计划实现
人力资源	HRBP **是这样炼成的之"菜鸟起飞"** 新　海　著	以小说的形式，具体解析 HRBP 的职责，应该如何操作，如何为业务服务	实践者的经验分享，内容实务具体，形式有趣
	HRBP **是这样炼成的之中级修炼** 新　海　著	本书以案例故事的方式，介绍了 HRBP 在实际工作中碰到的问题和挑战	书中的 HR 解决方案讲究因时因地制宜、简单有效的原则，重在启发读者思路，可供各类企业 HRBP 借鉴
	HRBP **是这样炼成的之高级修炼** 新　海　著	以故事的形式，展现了 HRBP 工作者在职业发展路上的层层深入和递进	为读者提供 HRBP 在实际工作中遇到种种问题的解决方案

续表

人力资源	**把面试做到极致：首席面试官的人才甄选法** 孟广桥　著	作者用自己几十年的人力资源经验总结出的一套实用的确定岗位招聘标准、提升面试官技能素质的简便方法	面试官必备，没有空泛理论，只有巧妙的实操技能
	人力资源体系与 e-HR 信息化建设 刘书生　陈　莹　王美佳　著	将作者经历的人力资源管理变革、人力资源管理信息化咨询项目方法论、工具和成果全面展现给读者，使大家能够将其快速应用到管理实践中	系统性非常强，没有废话，全部是浓缩的干货
	回归本源看绩效 孙　波　著	让绩效回顾“改进工具”的本源，真正为企业所用	确实是来源于实践的思考，有共鸣
	世界 500 强资深培训经理人教你做培训管理 陈　锐　著	从 7 大角度具体细致地讲解了培训管理的核心内容	专业、实用、接地气
	曹子祥教你做激励性薪酬设计 曹子祥　著	以激励性为指导，系统性地介绍了薪酬体系及关键岗位的薪酬设计模式	深入浅出，一本书学会薪酬设计
	曹子祥教你做绩效管理 曹子祥　著	复杂的理论通俗化，专业的知识简单化，企业绩效管理共性问题的解决方案	轻松掌握绩效管理
	把招聘做到极致 远　鸣　著	作为世界 500 强高级招聘经理，作者数十年招聘经验的总结分享	带来职场思考境界的提升和具体招聘方法的学习
	人才评价中心．超级漫画版 邢　雷　著	专业的主题，漫画的形式，只此一本	没想到一本专业的书，能写成这效果
	走出薪酬管理误区 全怀周　著	剖析薪酬管理的 8 大误区，真正发挥好枢纽作用	值得企业深读的实用教案
	集团化人力资源管理实践 李小勇　著	对搭建集团化的企业很有帮助，务实，实用	最大的亮点不是理论，而是结合实际的深入剖析
	我的人力资源咨询笔记 张　伟　著	管理咨询师的视角，思考企业的 HR 管理	通过咨询师的眼睛对比很多企业，有启发
	本土化人力资源管理 8 大思维 周　剑　著	成熟 HR 理论，在本土中小企业实践中的探索和思考	对企业的现实困境有真切体会，有启发
企业文化	**36 个拿来就用的企业文化建设工具** 海融心胜　主编	数十个工具，为了方便拿来就用，每一个工具都严格按照工具属性、操作方法、案例解读划分，实用、好用	企业文化工作者的案头必备书，方法都在里面，简单易操作
	企业文化建设超级漫画版 邢　雷　著	以漫画的形式系统教你企业文化建设方法	轻松易懂好操作

续表

企业文化	**华夏基石方法:企业文化落地本土实践** 王祥伍　谭俊峰　著	十年积累、原创方法、一线资料,和盘托出	在文化落地方面真正有洞察,有实操价值的书
	企业文化的逻辑 王祥伍　著	为什么企业之间如此不同,解开绩效背后的文化密码	少有的深刻,有品质,读起来很流畅
	企业文化激活沟通 宋杼宸　安　琪　著	透过新任 HR 总经理的眼睛,揭示出沟通与企业文化的关系	有实际指导作用的文化落地读本
	在组织中绽放自我:从专业化到职业化 朱仁健　王祥伍　著	个人如何融入组织,组织如何助力个人成长	帮助企业员工快速认同并投入到组织中去,为企业发展贡献力量
	企业文化定位·落地一本通 王明胤　著	把高深枯燥的专业理论创建成一套系统化、实操化、简单化的企业文化缔造方法	对企业文化不了解,不会做?有这一本从概念到实操,就够了
生产管理	**精益思维:中国精益如何落地** 刘承元　著	笔者二十余年企业经营和咨询管理的经验总结	中国企业需要灵活运用精益思维,推动经营要素与管理机制的有机结合,推动企业管理向前发展
	300 张现场图看懂精益 5S 管理 乐　涛　编著	5S 现场实操详解	案例图解,易懂易学
	高员工流失率下的精益生产 余伟辉　著	中国的精益生产必须面对和解决高员工流失率问题	确实来源于本土的工厂车间,很务实
	车间人员管理那些事儿 岑立聪　著	车间人员管理中处理各种“疑难杂症”的经验和方法	基层车间管理者最闹心、头疼的事,‘打包’解决
	1. 欧博心法:好管理靠修行 **2. 欧博心法:好工厂这样管** 曾　伟　著	他是本土最大的制造业管理咨询机构创始人,他从 400 多个项目、上万家企业实践中锤炼出的欧博心法	中小制造型企业,一定会有很强的共鸣
	欧博工厂案例 1:生产计划管控对话录 **欧博工厂案例 2:品质技术改善对话录** **欧博工厂案例 3:员工执行力提升对话录** 曾　伟　著	最典型的问题、最详尽的解析,工厂管理 9 大问题 27 个经典案例	没想到说得这么细,超出想象,案例很典型,照搬都可以了
	工厂管理实战工具 欧博企管　编著	以传统文化为核心的管理工具	适合中国工厂
	苦中得乐:管理者的第一堂必修课 曾　伟　编著	曾伟与师傅大愿法师的对话,佛学与管理实践的碰撞,管理禅的修行之道	用佛学最高智慧看透管理
	比日本工厂更高效 1:管理提升无极限 刘承元　著	指出制造型企业管理的六大积弊;颠覆流行的错误认知;掌握精益管理的精髓	每一个企业都有自己不同的问题,管理没有一剑封喉的秘笈,要从现场、现物、现实出发
	比日本工厂更高效 2:超强经营力 刘承元　著	企业要获得持续盈利,就要开源和节流,即实现销售最大化,费用最小化	掌握提升工厂效率的全新方法

续表

生产管理	**比日本工厂更高效3:精益改善力的成功实践** 刘承元　著	工厂全面改善系统有其独特的目的取向特征,着眼于企业经营体质(持续竞争力)的建设与提升	用持续改善力来飞速提升工厂的效率,高效率能够带来意想不到的高效益
	3A顾问精益实践1:IE与效率提升 党新民　苏迎斌　蓝旭日　著	系统的阐述了IE技术的来龙去脉以及操作方法	使员工与企业持续获利
	3A顾问精益实践2:JIT与精益改善 肖志军　党新民　著	只在需要的时候,按需要的量,生产所需的产品	提升工厂效率
	手把手教你做专业的生产经理 黄　娜　著	物流、信息流、资金流,让生产经理管理有抓手	从菜鸟到能把控全局
员工素质提升	**TTT培训师精进三部曲(上):深度改善现场培训效果** 廖信琳　著	现场把控不用慌,这里有妙招一用就灵	课程现场无论遇到什么样的情况都能游刃有余
	TTT培训师精进三部曲(中):构建最有价值的课程内容 廖信琳　著	这样做课程内容,学员有收获 培训师也有收获	优质的课程内容是树立个人品牌的保证
	TTT培训师精进三部曲(下):职业功力沉淀与修为提升 廖信琳　著	从内而外提升自己,职业的道路一帆风顺	走上职业TTT内训师的康庄大道
	培训师,如何让你的事业长青:自我管理的10项法则 廖信琳　著	建立了一套完整的培训师自我管理体系,为培训师的职业成长与发展提供有益的指引	培训师如何在自己的职业道路上越走越高,事业长青,一直有所收获与成长?本书将给你答案
	管理咨询师的第一本书:百万年薪 千万身价 熊亚柱　著	从问题出发,发现问题、分析问题、解决问题,让两眼一抹黑的新人快速成长	管理咨询师初入职场,让这本书开启百万年薪之路
	手把手教你做专业督导:专卖店、连锁店 熊亚柱　著	从督导的职能、作用,在工作中需要的专业技能、方法,都提供了详细的解读和训练办法,同时附有大量的表单工具	无论是店铺需要统一培训,还是个人想成为优秀的督导,有这一本就够了
	跟老板"偷师"学创业 吴江萍　余晓雷　著	边学边干,边观察边成长,你也可以当老板	不同于其他类型的创业书,让你在工作中积累创业经验,一举成功
	销售轨迹:一位快消品营销总监的拼搏之路 秦国伟　著	本书讲述了一个普通销售员打拼成为跨国企业营销总监的真实奋斗历程	激励人心,给广大销售员以力量和鼓舞
	在组织中绽放自我:从专业化到职业化 朱仁健　王祥伍　著	个人如何融入组织,组织如何助力个人成长	帮助企业员工快速认同并投入到组织中去,为企业发展贡献力量
	企业员工弟子规:用心做小事,成就大事业 贾同领　著	从传统文化《弟子规》中学习企业中为人处事的办法,从自身做起	点滴小事,修养自身,从自身的改善得到事业的提升

续表

员工素质提升	**手把手教你做顶尖企业内训师:TTT 培训师宝典** 熊亚柱 著	从课程研发到现场把控、个人提升都有涉及,易读易懂,内容丰富全面	想要做企业内训师的员工有福了,本书教你如何抓住关键,从入门到精通
	客诉处理金手指:客户投诉的应对与管理 孟广桥 著	立足于投诉处理的实践,剖析了不同投诉者投诉的特点和应对措施,并提供各种技巧方法、赢得客户信赖所需培养的品质修炼、处理投诉应掌握的法律法规等工具	是投诉处理人员适应岗位职能需要、提升工作技能的良师益友,是企业变诉为金、培养业务骨干的法宝

营销类:把客户需求融入企业各环节,提供"客户认为"有价值的东西

书名．作者		内容/特色	读者价值
营销模式	**精品营销战略** 杜建君 著	以精品理念为核心的精益战略和营销策略	用精品思维赢得高端市场
	变局下的营销模式升级 程绍珊 叶 宁 著	客户驱动模式、技术驱动模式、资源驱动模式	很多行业的营销模式被颠覆,调整的思路有了!
	卖轮子 科克斯【美】	小说版的营销学!营销理念巧妙贯穿其中,贵在既有趣,又有深度	经典、有趣!一个故事读懂营销精髓
	动销操盘:节奏掌控与社群时代新战法 朱志明 著	在社群时代把握好产品生产销售的节奏,解析动销的症结,寻找动销的规律与方法	都是易读易懂的干货!对动销方法的全面解析和操盘
	弱势品牌如何做营销 李政权 著	中小企业虽有品牌但没名气,营销照样能做的有声有色	没有丰富的实操经验,写不出这么具体、详实的案例和步骤,很有启发
	老板如何管营销 史贤龙 著	高段位营销 16 招,好学好用	老板能看,营销人也能看
	洞察人性的营销战术:沈坤教你 28 式 沈 坤 著	28 个匪夷所思的营销怪招令人拍案叫绝,涉及商业竞争的方方面面,大部分战术可以直接应用到企业营销中	各种谋略得益于作者的横向思维方式,将其操作过的案例结合其中,提供的战术对读者有参考价值
	动销:产品是如何畅销起来的 吴江萍 余晓雷 著	真真切切告诉你,产品究竟怎么才能卖出去	击中痛点,提供方法,你值得拥有
	1000 铁杆女粉丝 张兵武 著	连接是女性与生俱来的特质。能善用连接的营销人员,就像拿到打开女性荷包的钥匙	重新认识女性的传播力量
	360°谈营销:一位营销咨询师 20 年实战洞察 王清华 古怀亮 著	各个角度,全方位,多视点剥营销	思路单一,此书帮你破
	营销按钮:扣动一触即发的力量 老 苗 著	提供各种奇形怪状的营销武器	一定会带给你不一样的思维震撼

续表

销售	**资深大客户经理:策略准,执行狠** 叶敦明　著	从业务开发、发起攻势、关系培育、职业成长四个方面,详述了大客户营销的精髓	满满的全是干货
	成为资深的销售经理:B2B、工业品 陆和平　著	围绕“销售管理的六个关键控制点”一一展开,提供销售管理的专业、高效方法	方法和技术接地气,拿来就用,从销售员成长为经理不再犯难
	销售是门专业活:B2B、工业品 陆和平　著	销售流程就应该跟着客户的采购流程和关注点的变化向前推进,将一个完整的销售过程分成十个阶段,提供具体方法	销售不是请客吃饭拉关系,是个专业的活计!方法在手,走遍天下不愁
	向高层销售:与决策者有效打交道 贺兵一　著	一套完整有效的销售策略	有工具,有方法,有案例,通俗易懂
	卖轮子 科克斯　【美】	小说版的营销学!营销理念巧妙贯穿其中,贵在既有趣,又有深度	经典、有趣!一个故事读懂营销精髓
	学话术　卖产品 张小虎　著	分析常见的顾客异议,将优秀的话术模块化	让普通导购员也能成为销售精英
组织和团队	**升级你的营销组织** 程绍珊　吴越舟　著	用“有机性”的营销组织替代“营销能人”,营销团队变成“铁营盘”	营销队伍最难管,程老师不愧是营销第1操盘手,步骤方法都很成熟
	用数字解放营销人 黄润霖　著	通过量化帮助营销人员提高工作效率	作者很用心,很好的常备工具书
	成为优秀的快消品区域经理(升级版) 伯建新　著	用“怎么办”分析区域经理的工作关键点,增加30%全新内容,更贴近环境变化	可以作为区域经理的“速成催化器”
	成为资深的销售经理:B2B、工业品 陆和平　著	围绕“销售管理的六个关键控制点”一一展开,提供销售管理的专业、高效方法	方法和技术接地气,拿来就用,从销售员成长为经理不再犯难
	一位销售经理的工作心得 蒋　军　著	一线营销管理人员想提升业绩却无从下手时,可以看看这本书	一线的真实感悟
	快消品营销:一位销售经理的工作心得2 蒋　军　著	快消品、食品饮料营销的经验之谈,重点突出	来源于实战的精华总结
	销售轨迹:一位快消品营销总监的拼搏之路 秦国伟　著	本书讲述了一个普通销售员打拼成为跨国企业营销总监的真实奋斗历程	激励人心,给广大销售员以力量和鼓舞
	用营销计划锁定胜局:用数字解放营销人2 黄润霖　著	全方位教你怎么做好营销计划,好学好用真简单	照搬套用就行,做营销计划再也不头痛
	快消品营销人的第一本书:从入门到精通 刘　雷　伯建新　著	快消行业必读书,从入门到专业	深入细致,易学易懂
产品	**产品开发管理方法·流程·工具:从作坊式到规范化** 任彭枞　著	产品研发管理体系全指导	既有工具,又能开拓思路
	新产品开发管理,就用IPD(升级版) 郭富才　著	10年IPD研发管理咨询总结,国内首部IPD专业著作	一本书掌握IPD管理精髓

续表

产品	**这样打造大单品：案例　策略　方法** 迪智成咨询团队　著	囊括十三个不同行业、企业的实际案例，从不同角度详细剖析、总结了这些品牌厂家打造大单品的成功经验或者失败教训	厘清大单品打造的策划与路径，得出持续经营的思路与方法
	资深项目经理这样做新产品开发管理 秦海林　著	以 IPD 为思想，系统讲解新产品开管理的细节	提供管理思路和实用工具
	产品炼金术Ⅰ：如何打造畅销产品 史贤龙　著	满足不同阶段、不同体量、不同行业企业对产品的完整需求	必须具备的思维和方法，避免在产品问题上走弯路
	产品炼金术Ⅱ：如何用产品驱动企业成长 史贤龙　著	做好产品、关注产品的品质，就是企业成功的第一步	必须具备的思维和方法，避免在产品问题上走弯路
品牌	**中小企业如何建品牌** 梁小平　著	中小企业建品牌的入门读本，通俗、易懂	对建品牌有了一个整体框架
	采纳方法：破解本土营销8大难题 朱玉童　编著	全面、系统、案例丰富、图文并茂	希望在品牌营销方面有所突破的人，应该看看
	中国品牌营销十三战法 朱玉童　编著	采纳20年来的品牌策划方法，同时配有大量的案例	众包方式写作，丰富案例给人启发，极具价值
	今后这样做品牌：移动互联时代的品牌营销策略 蒋　军　著	与移动互联紧密结合，告诉你老方法还能不能用，新方法怎么用	今后这样做品牌就对了
	中小企业如何打造区域强势品牌 吴　之　著	帮助区域的中小企业打造自身品牌，如何在强壮自身的基础上往外拓展	梳理误区，系统思考品牌问题，切实符合中小区域品牌的自身特点进行阐述
渠道通路	**深度分销：掌控渠道价值链** 施　炜　著	制造商通过掌控渠道价值链，将管理触角延伸至零售层面及顾客现场，对市场根部精耕细作，从而挖掘需求，构筑区域市场尤其是三四级市场的竞争壁垒	深度分销是中国企业对世界营销的独特贡献。实践证明，互联网时代深度分销仍有生命力
	快消品营销与渠道管理 谭长春　著	将快消品标杆企业渠道管理的经验和方法分享出来	可口可乐、华润的一些具体的渠道管理经验，实战
	传统行业如何用网络拿订单 张　进　著	给老板看的第一本网络营销书	适合不懂网络技术的经营决策者看
	采纳方法：化解渠道冲突 朱玉童　编著	系统剖析渠道冲突，21个渠道冲突案例、情景式讲解，37篇讲义	系统、全面
	学话术　卖产品 张小虎　著	分析常见的顾客异议，将优秀的话术模块化	让普通导购员也能成为销售精英
	向高层销售：与决策者有效打交道 贺兵一　著	一套完整有效的销售策略	有工具，有方法，有案例，通俗易懂
	通路精耕操作全解：快消品20年实战精华 周　俊　陈小龙　著	通路精耕的详细全解，每一步的具体操作方法和表单全部无保留提供	康师傅二十年的经验和精华，实践证明的最有效方法，教你如何主宰通路

续表

管理者读的文史哲·生活			
	书名．作者	内容/特色	读者价值
思想·文化	**德鲁克管理思想解读** 罗　珉　著	用独特视角和研究方法，对德鲁克的管理理论进行了深度解读与剖析	不仅是摘引和粗浅分析，还是作者多年深入研究的成果，非常可贵
	德鲁克与他的论敌们：马斯洛、戴明、彼得斯 罗　珉　著	几位大师之间的论战和思想碰撞令人受益匪浅	对大师们的观点和著作进行了大量的理论加工，去伪存真、去粗存精，同时有自己独特的体系深度
	德鲁克管理学 张远凤　著	本书以德鲁克管理思想的发展为线索，从一个侧面展示了20世纪管理学的发展历程	通俗易懂，脉络清晰
	王阳明"万物一体"论：从"身－体"的立场看(修订版) 陈立胜　著	以身体哲学分析王阳明思想中的"仁"与"乐"	进一步了解传统文化，了解王阳明的思想
	自我与世界：以问题为中心的现象学运动研究 陈立胜　著	以问题为中心，对现象学运动中的"意向性""自我""他人""身体"及"世界"各核心议题之思想史背景与内在发展理路进行深入细致的分析	深入了解现象学中的几个主要问题
	作为身体哲学的中国古代哲学 张再林　著	上篇为中国古代身体哲学理论体系奠基性部分，下篇对由"上篇"所开出的中国身体哲学理论体系的进一步的阐发和拓展	了解什么是真正原生态意义上的中国哲学，把中国传统哲学与西方传统哲学加以严格区别
	中西哲学的歧异与会通 张再林　著	本书以一种现代解释学的方法，对中国传统哲学内在本质尝试一种全新的和全方位的解读	发掘出掩埋在古老传统形式下的现代特质和活的生命，在此基础上揭示中西哲学"你中有我，我中有你"之旨
	治论：中国古代管理思想 张再林　著	本书主要从儒、法墨三家阐述中国古代管理思想	看人本主义的管理理论如何不留斧痕地克服似乎无法调解的存在于人类社会行为与社会组织中的种种两难和对立
	车过麻城 再晤李贽 张再林　著	系统全面而又简明扼要地展示了李贽独到的学术眼力和超拔的理论建树	帮助读者重新认识李贽的思想
	中国古代政治制度(修订版)上：皇帝制度与中央政府 刘文瑞　著	全面论证了古代皇帝制度的形成和演变的历程	有助于读者从政治制度角度了解中国国情的历史渊源
	中国古代政治制度(修订版)下：地方体制与官僚制度 刘文瑞　著	全面论证了古代地方政府的发展演变过程	有助于读者从政治制度角度了解中国国情的历史渊源
	中国思想文化十八讲(修订版) 张茂泽　著	中国古代的宗教思想文化，如对祖先崇拜、儒家天命观、中国古代关于"神"的讨论等	宗教文化和人生信仰或信念紧密相联，在文化转型时期学习和研究中国宗教文化就有特别的现实意义
	史幼波《大学》讲记 史幼波　著	用儒释道的观点阐释大学的深刻思想	一本书读懂传统文化经典

续表

思想·文化	**史幼波《周子通书》《太极图说》讲记** 史幼波　著	把形而上的宇宙、天地，与形而下的社会、人生、经济、文化等融合在一起	将儒家的一整套学修系统融合起来
	史幼波《中庸》讲记（上下册） 史幼波　著	全面、深入浅出地揭示儒家中庸文化的真谛	儒释道三家思想融会贯通
	梁涛讲《孟子》之万章篇 梁　涛　著	《万章》主要记录孟子与万章的对话，涉及孝道、亲情、友情、出仕为官等	作者的解读能帮助读者更好地理解孟子及儒学
	两晋南北朝十二讲（修订版） 李文才　著	作为一本普及性读物，作者尊重史实，运用“历史心理学”的叙事方法，分12个专题对两晋南北朝的历史进行阐述	让读者轻松了解两晋南北朝的历史
	每个中国人身上的春秋基因 史贤龙　著	春秋368年（公元前770－公元前403年），每一个中国人都可以在这段时期的历史中找到自己的祖先，看到真实发生的事件，同时也看到自己	长情商、识人心
	与《老子》一起思考：德篇 史贤龙　著	打通文史，回归哲慧，纵贯古今，放眼中外，妙语迭出，在当今的老子读本中别具一格	深读有深读的回味，浅尝有浅尝的机敏，可给读者不同的启发
	说服天下：《鬼谷子》的中国沟通术 翟玉忠　著	由内圣而外王，从心力的培育到具体的说服理论，再到生动的说服案例	从商业到军事再到日常生活，沟通说服已经变得越来越重要
	读《管子》，知天下财富：轻重术与中国古典经济思想 翟玉忠　著	中国农业社会规模庞大的市场产生了复杂发展的经济理论——以《管子》轻重十六篇为核心的轻重术	本书分为道、术两大部分，有思想、有谋略，相信你会从中有所收获
	中国商道：从古典商书说开去翟玉忠　著	对中国先秦和明清两个商品经济大发展时期商业典籍的第一次系统整理和诠释	中华商道一脉相承，造就了无数商业奇迹，成就了无数商业巨子。今人读之，必能获益
	跟陈忠建学写名家书法Ⅰ **跟陈忠建学写名家书法Ⅱ** 陈忠建　著	中国台湾著名书法教育家，用视频手把手教你摹写历代名家笔触	用拟古千字文的形式，学习名家的技巧
	像美国人一样讲话：教你记住800句最地道的美语 马方旭　著	本书基本囊括了在美国最常用最地道的800习惯用语表达，包含中英双语翻译，以及清晰明了的注解帮助增强记忆，加入视频等流行的记忆方法	易读易懂，趣味十足
	郑子太极拳理拳法 杨竣雄　著	走进郑子太极拳完整训练体系的大门，随着书中另一主角——师父的课程安排与每日功课的练习	当您学完这套书后，在掌握拳架的同时具备诸多正确的太极理念与系统知识
	内功太极拳训练教程 王铁仁　编著	杨式（内功）太极拳（俗称老六路）的详细介绍及具体修炼方法，身心的一次升华	书中含有大量图解并有相关视频供读者同步学习
	中医治心脏病 马宝琳　著	引用众多真实案例，客观真实地讲述了中西医对于心脏病的认识及治疗方法	看完这本书，能为您节约10万元医药费

续表

管理者读的文史哲·生活			
	书名. 作者	内容/特色	读者价值
思想·文化	**德鲁克管理思想解读** 罗　珉　著	用独特视角和研究方法,对德鲁克的管理理论进行了深度解读与剖析	不仅是摘引和粗浅分析,还是作者多年深入研究的成果,非常可贵
	德鲁克与他的论敌们:马斯洛、戴明、彼得斯 罗　珉　著	几位大师之间的论战和思想碰撞令人受益匪浅	对大师们的观点和著作进行了大量的理论加工,去伪存真、去粗存精,同时有自己独特的体系深度
	德鲁克管理学 张远凤　著	本书以德鲁克管理思想的发展为线索,从一个侧面展示了 20 世纪管理学的发展历程	通俗易懂,脉络清晰
	王阳明"万物一体"论:从"身–体"的立场看(修订版) 陈立胜　著	以身体哲学分析王阳明思想中的"仁"与"乐"	进一步了解传统文化,了解王阳明的思想
	自我与世界:以问题为中心的现象学运动研究 陈立胜　著	以问题为中心,对现象学运动中的"意向性""自我""他人""身体"及"世界"各核心议题之思想史背景与内在发展理路进行深入细致的分析	深入了解现象学中的几个主要问题
	作为身体哲学的中国古代哲学 张再林　著	上篇为中国古代身体哲学理论体系奠基性部分,下篇对由"上篇"所开出的中国身体哲学理论体系的进一步的阐发和拓展	了解什么是真正原生态意义上的中国哲学,把中国传统哲学与西方传统哲学加以严格区别
	中西哲学的歧异与会通 张再林　著	本书以一种现代解释学的方法,对中国传统哲学内在本质尝试一种全新的和全方位的解读	发掘出掩埋在古老传统形式下的现代特质和活的生命,在此基础上揭示中西哲学"你中有我,我中有你"之旨
	治论:中国古代管理思想 张再林　著	本书主要从儒、法墨三家阐述中国古代管理思想	看人本主义的管理理论如何不留斧痕地克服似乎无法调解的存在于人类社会行为与社会组织中的种种两难和对立
	车过麻城 再晤李贽 张再林　著	系统全面而又简明扼要地展示了李贽独到的学术眼力和超拔的理论建树	帮助读者重新认识李贽的思想
	中国古代政治制度(修订版)上:皇帝制度与中央政府 刘文瑞　著	全面论证了古代皇帝制度的形成和演变的历程	有助于读者从政治制度角度了解中国国情的历史渊源
	中国古代政治制度(修订版)下:地方体制与官僚制度 刘文瑞　著	全面论证了古代地方政府的发展演变过程	有助于读者从政治制度角度了解中国国情的历史渊源
	中国思想文化十八讲(修订版) 张茂泽　著	中国古代的宗教思想文化,如对祖先崇拜、儒家天命观、中国古代关于"神"的讨论等	宗教文化和人生信仰或信念紧密相联,在文化转型时期学习和研究中国宗教文化就有特别的现实意义
	史幼波《大学》讲记 史幼波　著	用儒释道的观点阐释大学的深刻思想	一本书读懂传统文化经典

续表

思想·文化	**史幼波《周子通书》《太极图说》讲记** 史幼波　著	把形而上的宇宙、天地，与形而下的社会、人生、经济、文化等融合在一起	将儒家的一整套学修系统融合起来
	史幼波《中庸》讲记（上下册） 史幼波　著	全面、深入浅出地揭示儒家中庸文化的真谛	儒释道三家思想融会贯通
	梁涛讲《孟子》之万章篇 梁　涛　著	《万章》主要记录孟子与万章的对话，涉及孝道、亲情、友情、出仕为官等	作者的解读能帮助读者更好地理解孟子及儒学
	两晋南北朝十二讲（修订版） 李文才　著	作为一本普及性读物，作者尊重史实，运用“历史心理学”的叙事方法，分12个专题对两晋南北朝的历史进行阐述	让读者轻松了解两晋南北朝的历史
	每个中国人身上的春秋基因 史贤龙　著	春秋368年（公元前770–公元前403年），每一个中国人都可以在这段时期的历史中找到自己的祖先，看到真实发生的事件，同时也看到自己	长情商、识人心
	与《老子》一起思考：德篇 史贤龙　著	打通文史，回归哲慧，纵贯古今，放眼中外，妙语迭出，在当今的老子读本中别具一格	深读有深读的回味，浅尝有浅尝的机敏，可给读者不同的启发
	说服天下：《鬼谷子》的中国沟通术 翟玉忠　著	由内圣而外王，从心力的培育到具体的说服理论，再到生动的说服案例	从商业到军事再到日常生活，沟通说服已经变得越来越重要
	读《管子》，知天下财富：轻重术与中国古典经济思想 翟玉忠　著	中国农业社会规模庞大的市场产生了复杂发展的经济理论——以《管子》轻重十六篇为核心的轻重术	本书分为道、术两大部分，有思想、有谋略，相信你会从中有所收获
	中国商道：从古典商书说开去翟玉忠　著	对中国先秦和明清两个商品经济大发展时期商业典籍的第一次系统整理和诠释	中华商道一脉相承，造就了无数商业奇迹，成就了无数商业巨子。今人读之，必能获益
	跟陈忠建学写名家书法Ⅰ **跟陈忠建学写名家书法Ⅱ** 陈忠建　著	中国台湾著名书法教育家，用视频手把手教你摹写历代名家笔触	用拟古千字文的形式，学习名家的技巧
	像美国人一样讲话：教你记住800句最地道的美语 马方旭　著	本书基本囊括了在美国最常用最地道的800习惯用语表达，包含中英双语翻译，以及清晰明了的注解帮助增强记忆，加入视频等流行的记忆方法	易读易懂，趣味十足
	郑子太极拳理拳法 杨竣雄　著	走进郑子太极拳完整训练体系的大门，随着书中另一主角——师父的课程安排与每日功课的练习	当您学完这套书后，在掌握拳架的同时具备诸多正确的太极理念与系统知识
	内功太极拳训练教程 王铁仁　编著	杨式（内功）太极拳（俗称老六路）的详细介绍及具体修炼方法，身心的一次升华	书中含有大量图解并有相关视频供读者同步学习
	中医治心脏病 马宝琳　著	引用众多真实案例，客观真实地讲述了中西医对于心脏病的认识及治疗方法	看完这本书，能为您节约10万元医药费